全国名特优新农产品——江西篇

（第一册）

◎ 江西省农业科学院农产品质量安全与标准研究所 编

中国农业科学技术出版社

图书在版编目（CIP）数据

全国名特优新农产品. 江西篇. 第一册 / 江西省农业科学院农产品质量安全与标准研究所编. --北京：中国农业科学技术出版社，2023.3
ISBN 978-7-5116-6195-1

Ⅰ. ①全…　Ⅱ. ①江…　Ⅲ. ①农产品—江西　Ⅳ. ①F724.72

中国国家版本馆CIP数据核字（2023）第008288号

责任编辑　金　迪
责任校对　马广洋
责任印制　姜义伟　王思文

出 版 者　中国农业科学技术出版社
北京市中关村南大街12号　邮编：100081
电　　话　（010）82106625（编辑室）　（010）82109704（发行部）
（010）82109709（读者服务部）
网　　址　https://castp.caas.cn
经 销 者　各地新华书店
印 刷 者　北京捷迅佳彩印刷有限公司
开　　本　170 mm×240 mm　1/16
印　　张　9.5
字　　数　170千字
版　　次　2023年3月第1版　2023年3月第1次印刷
定　　价　86.00元

全国名特优新农产品——江西篇（第一册）

编委会

前　言

党的十八大后，习近平总书记即指出，人民对美好生活的向往，就是我们的奋斗目标；2016 年在全国卫生与健康大会上的讲话中指出，当前，老百姓对农产品供给的最大关切是吃得安全、吃得放心；并在 2017 年中央农村工作会议上提出，做好“特”字文章，加快培育优势特色农业，打造高品质、有口碑的农业“金字招牌”。

县域是脱贫攻坚主战场，也是农产品供给源头，是落实农业供给侧结构性改革、实现农业现代化的主阵地。要充分利用县域丰富多彩的资源优势，推进特色农产品优势区创建，培育农产品品牌，打造一村一品、一县一业发展新格局，引导培育独具县域特色的名特优新农产品，满足公众对特色高品质农产品的需求。

为贯彻落实质量兴农、绿色兴农和品牌强农战略，自 2019 年起，江西省农业科学院农产品质量安全与标准研究所成为全国名特优新农产品营养品质评价第一批鉴定机构，开展了江西省名特优新农产品的评价鉴定工作。截至 2022 年 9 月 30 日，江西省有 60 个农产品通过农业农村部农产品质量安全中心审核及专家评审，获得证书并被纳入全国名特优新农产品名录。

为扩大全国名特优新农产品影响力和知名度，进一步促进产销对接，在江西省农业主管部门的支持下，江西省农业科学院农产品质量安全与标准研究所组织编撰了《全国名特优新农产品——江西篇（第一册）》，收录了江西省已获证的 60 个全

1. 东乡花果芋

名特优新农产品证书编号：
CAQS-MTYX-20210054

【主要产地】江西省抚州市东乡区王桥镇璋峰村。

【产地环境】东乡区王桥镇地处赣东丘陵与鄱阳湖平原过渡地带，半丘陵地形，属亚热带湿润季风气候，整体气候温和，雨量充沛、光照充足、热量丰富、四季分明。年平均气温 18℃，平均日照时间 1 427.9 h，年无霜期为 271 d；年平均降水量 1 710.7 mm，水质优良；土壤以潴育型水稻土为主，疏松肥沃，pH 值 6.5 ～ 7.0，有机质含量在 2.4% ～ 3.5%，形成了历史种植花果芋的独特自然生态环境。

【品质特征】东乡花果芋果形完整，整体呈卵圆形或椭圆形，表皮浅黄色，被多轮褐色棕毛，芋肉呈乳白色，色泽自然，易煮易熟。淀粉含量低于同类芋头，口感细嫩软糯、美味清香、黏滑爽口、入荤入素皆相宜，感官品质上乘；蛋白质含量为 2.26%，铁（以 Fe 计）含量为 10.4 mg/kg，钾含量为 4 940 mg/100 g，磷含量为 61.5 mg/100 g，钙含量为 209 mg/kg，淀粉含量为 8.98%。

【收获时间】当年 10 月至翌年 4 月。

【推荐贮藏和食用方法】

贮藏方法：阴凉干燥的环境下贮藏。

食用方式：可蒸、煮、煎、炒、炸。同时，能与各种食材搭配使用。可加工成速冻芋圆、速冻芋饺、芋条、芋片、芋干、芋粉、芋脯、芋果等。

【市场销售采购信息】

公司名称：江西绿沐农业开发发展有限公司

联系人：汤才正，联系电话：13979435555

公司地址：江西省抚州市东乡区王桥镇

王桥花果芋专卖店地址：东乡区荆公路 46 号

2. 宁都辣椒

名特优新农产品证书编号：
CAQS-MTYX-20210048

【主要产地】江西省赣州市宁都县。

【产地环境】宁都县位于江西省东南部，赣州市北部，是承南启北之地，南接福建广东，北临江苏浙江湖北，面积 4 053 km^2，耕地 76 万亩（1 亩 ≈ 667 m^2），气候四季分明，日照充足、雨量充沛，冬无严寒，土壤肥沃，适宜蔬菜生长，经中国地质调查局南京地质调查中心检测为富硒土壤，土壤硒含量超过全国平均含量 58.6%。

【品质特征】宁都辣椒样品形似羊角，长 13 ～ 18 cm；果面深绿色，光滑有光泽，微有褶皱；果肉肥厚、质地脆，微辣；具有辣椒固定的气味，鲜椒的碳水化合物含量为 5.97%，可溶性糖含量为 41%，粗纤维含量为 2.46%，蛋白质含量为 2.3%，维生素 C 含量为 189 mg/100 g。

【收获时间】全年均为收获期。

【推荐贮藏和食用方法】

贮藏方法：放入专用食品保鲜袋中，同时应注意避免挤压辣椒，避光 0 ～ 4℃冷藏，严禁与其他有异味或发霉食物混合存放。

食用方法：可直接食用，也可作为凉拌菜、炒菜时的配料。

【市场销售采购信息】

（1）赣州青塘农业科技有限公司

联系人：张明洲，联系电话：13356733909

（2）宁都县硕铭农业科技有限公司

联系人：赵天铭，联系电话：15169588950

（3）宁都县青塘镇富硒蔬菜种植专业合作社

联系人：温秋生，联系电话：13415310859

（4）宁都县田头镇和丰蔬果种植专业合作社

联系人：邓东明，联系电话：13870716241

（5）宁都县长胜镇兆丰蔬菜种植专业合作社

联系人：罗兆荣，联系电话：13879781276

（6）宁都县黄石镇仁楦鸿蔬菜种植专业合作社

联系人：崔道福，联系电话：13576758160

（7）宁都县黄陂镇富桥蔬菜种植专业合作社

联系人：廖方伟，联系电话：13767751958

（8）宁都县东山坝镇平源蔬菜种植专业合作社

联系人：曾志华，联系电话：13257978767

（9）宁都县竹笮乡鼎盛蔬菜种植专业合作社

联系人：赖育剑，联系电话：13979791854

（10）江西省民富现代农业发展有限公司

联系人：张桃生，联系电话：15270792151

3. 大余美茄

名特优新农产品证书编号：
CAQS-MTYX-20210707

【主要产地】江西省赣州市大余县池江镇杨村、池江镇杨梅村、吉村镇上村村、樟斗镇樟斗村。

【产地环境】大余县位于赣州市西南部，属于北温带，气候温暖湿润，四季分明。土壤养分丰富，属于富含有机质的壤质土壤，土层深厚，利于作物根系发育，适宜茄子生长。

【品质特征】大余美茄呈卵圆形，果形均匀周正，中果，长 14 ～ 17 cm，直径 7.5 ～ 9.5 cm；果皮深紫色，薄而软，色泽鲜亮，果面平滑有光泽，不萎蔫；果肉淡嫩绿色，质地细腻柔嫩，切口不变色。大余美茄维生素 C 含量为 12.3 mg/100 g，磷含量为 76.6 mg/100 g，钙含量为 25.5 mg/100 g，蛋白质含量为 0.94%，具有清热解暑、降脂降压等功效。

【收获时间】每年 10 月底。

【推荐贮藏和食用方法】

贮藏方法：放置在阴凉通风处保存，最佳储存温度为 10 ～ 13℃。

食用方法：宜熟食，可用作炒、煎炸、凉拌等。

【市场销售采购信息】

大余顺泰农业科技有限公司

联系人：贾崇山，联系电话：15898940444

4. 定南茭白

名特优新农产品证书编号：
CAQS-MTYX-20210713

【主要产地】江西省赣州市定南县历市镇车步村、中圳村。

【产地环境】定南县自古就是赣粤两省的咽喉要地、商贾要道，素有“江西南大门”之称，是江西对接粤港澳的第一门户和排头兵，是珠三角的发展腹地。定南县属低山丘陵地形，属中亚热带季风湿润气候区，光、热、水充足，年均气温 19℃，境内钨和稀土资源丰富，天然水资源优质，森林覆盖率 83.01%，植被保持优良。

【品质特征】定南茭白具有匍匐根状茎，须根粗壮；秆高大直立，高 1 ～ 2 m；叶片扁平宽大，长 50 ～ 90 cm，宽 15 ～ 30 mm。采摘后，外皮由外到内，逐渐由绿色转变为白色，茭体粗壮结实，茭壳包紧。去皮后，单个净茭约 110 g，净茭洁白剔亮、质地紧密，横切面无肉眼可见的黑色小点，茭肉脆嫩鲜甜，口感纯正。蛋白质含量为 1.02%，粗纤维含量为 1.05%，维生素 C 含量为 26 mg/100 g，硒含量为 0.56 μg/100 g。

【收获时间】每年 7—10 月为收获期。最佳品质期为 7—8 月。

【推荐贮藏和食用方法】

贮藏方法：常温下需尽快食用，带皮 0 ～ 4℃短期贮藏。

食用方法：切片素炒，切丝与肉类、胡萝卜炒，味道鲜美。

【市场销售采购信息】

（1）定南县绿丰园蔬菜种植家庭农场

联系人：李日娇，联系电话：18720817269

（2）定南县日日红蔬菜种植专业合作社

联系人：钟吉华，联系电话：15970030928

5. 寻乌芥菜

名特优新农产品证书编号：
CAQS-MTYX-20210715

【主要产地】江西省赣州市寻乌县南桥镇

【产地环境】寻乌县属亚热带季风气候，温暖湿润，雨量充沛，年均温度18.9℃，年平均降水量 1 665 mm，$PM_{2.5}$ 年均浓度 14 μg /m^3，空气质量优良天数比例达 99.7%。境内土壤以 pH 值 4.5 ～ 5 的酸性红壤、黄壤为主。全县东江源水系流域面积占整个东江源流域面积的 37.8%，占江西境内东江流域面积的 56.5%，每年从寻乌河流入东江的水资源总量为 18.3 亿 m^3，是江西省内流域面积最大、流入量最多的东江源区县，是珠江三角洲和香港地区的重要饮用水源地。全县森林覆盖率达 81.5%，其中源头东江源山的森林覆盖率达95%。境内地表水水质达标率 100%，森林覆盖率达 81.5%，先后获评“江西省绿色低碳示范县”“第四批国家生态文明建设示范县”称号。优异的生态环境造就了农产品独特的优良品质。

【品质特征】寻乌芥菜品种优良，产品形似鸡心状，茎多叶少，菜干肥硕圆润，碧绿透亮。叶片扇形，叶缘波状或钝锯齿状，叶面光滑无毛，叶色翠绿，叶柄青里透黄。口感爽脆、质嫩无渣、鲜甜味美，无苦涩味。

寻乌芥菜蛋白质含量为 1.68%，粗纤维含量为 0.75%，维生素 C 含量为119 mg/100 g，钙含量为 117 mg/100 g，铁含量为 1.4 mg/100 g，钾含量为426 mg/100 g。

【收获时间】全年可种植，集中育秧，移栽种植后一个月就可收获。

【推荐贮藏和食用方法】

贮藏方法：阴凉环境，避免阳光直射，贮藏温度为 0 ～ 3℃为宜。

食用方法：可以生食、熟食和腌制后吃；生吃口感爽脆，质嫩无渣，鲜甜味美；腌制后色泽金黄、酸香味醇，清脆爽口。

【市场销售采购信息】

赣州巧耕人家农业发展有限公司

市场销售负责人：吴家香，联系电话：13243896112

6. 永丰扁萝卜

名特优新农产品证书编号：CAQS-MTYX-20210719

【主要产地】江西省吉安市永丰县瑶田镇、藤田镇、石马镇、古县镇、恩江镇、佐龙乡、坑田镇、沿陂镇、潭城乡。

【产地环境】永丰县位于吉泰盆地东沿，属亚热带季风气候，四季分明，雨量充沛，日照充足，年均气温 18℃，年均降水量 1 627.3 mm，无霜期 279 d，境内山清水秀，森林覆盖率达 72.1%，最高峰灵华山海拔 1 455 m。地貌类型中山、低山面积占 15.9%，丘陵和谷地面积占 81.4%，南部多山区，北部多丘陵平原，是一个相对封闭的农业生态系统，为国家森林公园县、生态蔬菜之乡。地下水蓄量充沛，水质优良；农业土壤以潴育型水稻土为主，疏松肥沃。优越的自然条件孕育了永丰扁萝卜的独特品质。

【品质特征】永丰扁萝卜为地方品种，产品外形饱满丰润，表皮白色，润泽光亮，呈扁圆形，似碟盘，横径 12.0 ～ 15.0 cm, 纵径 8.0 ～ 10.0 cm, 单个重 0.5 ～ 0.7 kg；肉质雪白、致密，口感脆甜细嫩、无辣味或辣味淡、无渣、无糠心，感官品质佳。永丰扁萝卜营养丰富，富含维生素和矿质元素，可溶性固形物含量为 8.0%、还原糖含量为 2.5%、铁含量为 2.9 mg/kg、钾含量为 267 mg/100 g、磷含量为 29.8 mg/100 g、粗纤维含量为 0.62%。

【收获时间】当年 10 月到翌年 2 月，最佳品质期为 12 月。

【推荐贮藏和食用方法】

贮藏方法：放至阴凉通风处，自然通风贮藏。

食用方法：扁萝卜宜炒食、凉拌和腌制加工。

【市场销售采购信息】

（1）永丰县蔬菜发展有限公司，联系电话：0796-2529192

（2）永丰县知桐家庭农场，联系电话：13576626372

（3）吉安市佐盛农业发展有限公司，联系电话：18755554425

7. 永丰淮山

名特优新农产品证书编号：
CAQS-MTYX-20220367

【主要产地】江西省吉安市永丰县佐龙乡、潭城乡、八江乡、恩江镇、沿陂镇、古县镇、瑶田镇、藤田镇、坑田镇、鹿冈乡。

【产地环境】永丰县位于吉泰盆地东沿，属亚热带季风气候，四季分明，雨量充沛，日照充足，年均气温 18℃，年均降水量 1 627.3 mm，无霜期 279 d。境内山清水秀，森林覆盖率高。地貌类型为中山、低山、丘陵和谷地，南部多山区，北部多丘陵平原，是一个相对封闭的农业生态系统，为国家森林公园县、生态蔬菜之乡、国家农产品安全县、全国绿色食品原料（蔬菜）标准化生产基地。地下水蓄量充沛，水质优良。

【品质特征】永丰淮山为地方品种，产品肉质根长棒形，粗细均匀，直径 4 ～ 5 cm，长 60 ～ 100 cm，单根重 0.4 ～ 0.6 kg，表皮黄褐色，皮薄，须根少，色泽均匀，切面雪白，不易氧化变色，肉质坚实粉糯，组织紧密细嫩，胶质多，口感较佳，耐贮运。

永丰淮山营养丰富，富含维生素和矿物质元素，蛋白质含量为 2%，淀粉含量为 13.6%，维生素 C 含量为 7.9 mg/100 g，钙含量为 39.4 mg/100 g，锌含量为 1.02 mg/100 g。

【收获时间】当年 8 月到翌年 2 月，最佳品质期为 10—12 月。

【推荐贮藏和食用方法】

贮藏方法：一般留土自然越冬贮藏。收获的淮山可用报纸或其他吸水纸包裹，放至阴凉通风处贮藏。

食用方法：永丰淮山适合清炒、蒸、炖等。

【市场销售采购信息】

（1）抖音、京东、淘宝等平台

（2）永丰县蔬菜发展有限公司，联系电话：0796-2529192

（3）永丰县红土地怀生种植专业合作社，联系电话：1376624702

（4）永丰县知桐家庭农场，联系电话：13576626372

（5）吉安市佐盛农业发展有限公司，联系电话：18755554425

8. 龙南山苏

名特优新农产品证书编号：
CAQS-MTYX-20220361

【主要产地】江西省赣州市龙南市渡江镇莲塘村。

【产地环境】龙南市地处江西省最南端，东邻定南，南接广东和平、连平，西界全南，北毗信丰。日照充足，温暖多雨，气候宜人。龙南气候为中亚热带季风湿润型，主要特征是生长季节长，气候温暖，雨量充沛，四季分明，光照充足，森林覆盖率达 80.30%。

【品质特征】龙南山苏叶片如海带细长条形，叶片先端较突，叶缘呈波状，正面叶色翠绿；根茎短而粗，缘叶自地下茎丛生，由中心向四方开展而成巢状。

龙南山苏食用部分主要是叶尖、嫩芽，光滑鲜绿，风味独特，口感好，味甘甜，营养丰富。蛋白质含量为 3.66%，钾含量为 706 mg/100 g，钙含量为 456 mg/kg，维生素 C 含量为 146 mg/kg，粗纤维含量为 1.73%，有利尿、通肠道、预防高血压和糖尿病的作用，尤其是对降低尿酸有特别的功效。

【收获时间】全年均可收获。

【推荐贮藏和食用方法】

贮藏方法：最佳贮藏温度为 0 ～ 5℃，避免阳光直射。

食用方法：可以直接食用，也适合炒、煮、烩、凉拌等。

【市场销售采购信息】

（1）龙南市宏耘农业发展有限责任公司

联系人：邱标，联系电话：13726964858

（2）龙南市德强生态农业发展有限公司

联系人：何贵东，联系电话：13870783216

（3）龙南市宏泰蔬菜专业合作社

联系人：廖志瑜，联系电话：17770133899

9. 于都西红柿

名特优新农产品证书编号：
CAQS-MTYX-20220362

【主要产地】江西省赣州市于都县禾丰镇尧口村、陂角村、麻园村、大湾村，梓山镇下潭村、岗脑村、潭头村，罗江乡罗江村，银坑镇平安村，车溪乡车胜村。

【产地环境】于都县属典型的亚热带季风湿润气候，气候温和、雨量充沛、四季分明，日照充足、冬无严寒。年平均气温 19.7℃，年均降水量 1 507 mm，年日照时数 1 621.9 h，年均无霜期 305 d。土壤类型主要为红壤，土质疏松肥沃，富含有机质，排水良好，非常适宜西红柿生长。

【品质特征】于都西红柿单果重 250 g 左右，果实扁圆形，果面光滑圆整，果色鲜红有光泽。皮薄肉厚，果肉坚实，硬度大，耐贮运。口感酸甜可口，沙瓤多汁。

于都西红柿可溶性固形物含量为 5.0%，总酸（以柠檬酸计）含量为 0.20%，维生素 C 含量为 66.7 mg/100 g，番茄红素含量为 9.9 mg/100 g，铁含量为 0.3 mg/100 g，钙含量为 27.6 mg/100 g。

【收获时间】每年 11 月开始收获，来年 5 月收获完成。

【推荐贮藏和食用方法】

贮藏方法：西红柿最佳贮藏保鲜温度为 4℃，贮藏时放入保鲜袋中，要避免磕碰。

食用方法：西红柿可以生吃，也可用作炒、凉拌、煲汤等。

【市场销售采购信息】

江西都夏园生态农业科技有限公司

联系人：黄帮挺，联系电话：13600920665

10. 永丰空心菜

名特优新农产品证书编号：
CAQS-MTYX-20220368

【主要产地】江西省吉安市永丰县恩江镇、佐龙乡、坑田镇、潭城乡、沿陂镇、鹿冈乡、八江乡、七都乡、古县镇、瑶田镇、藤田镇、石马镇、沙溪镇。

【产地环境】永丰县位于吉泰盆地东沿，属亚热带季风气候，四季分明，雨量充沛，日照充足，年均气温 18℃，年均降水量 1 627.3 mm，无霜期 279 d。地下水蓄量充沛，水质优良。境内山清水秀，森林覆盖率高。地貌类型中山、低山、丘陵和谷地，南部多山区，北部多丘陵平原，是一个相对封闭的农业生态系统，为国家森林公园县、生态蔬菜之乡、国家农产品安全县、全国绿色食品原料（蔬菜）标准化生产基地。

【品质特征】永丰空心菜为地方品种，产品在吉安市永丰县独特的生态环境下，具有茎叶完整良好，茎近圆形，茎粗 1 ～ 1.5 cm，节间长 4 ～ 5 cm，茎秆脆嫩，叶子小、叶片少，色泽淡绿，质地光滑，明火炒后不变色，味道清香、口感脆嫩的感官特征。永丰空心菜营养丰富，富含维生素和矿物质元素，粗纤维含量≤ 0.65%，维生素 C 含量为 41.7 mg/100 g，钙含量为 90.3 mg/100 g，钾含量为 348 mg/100 g。

【收获时间】每年 3—9 月。

【推荐贮藏和食用方法】

贮藏方法：放入食品袋中，至 2 ～ 5℃保存 1 周左右。

食用方法：永丰空心菜食用方法较多，适合以炒食为主，叶、秆兼食，常见菜谱如下：

空心菜秆炒鱼干

材料：空心菜秆，禾花鱼干，盐、味精、白醋、茶油、小米椒等适量。

制作方法：禾花鱼干先用水酒腌湿、洗净，空心菜秆用手撕成碎片，备用。炒锅放适量油，先把鱼干炒香烹入水酒烧软，起锅备用。锅内入少量油，烧热，把空心菜秆倒入翻炒 1 min，倒入烧软的鱼干，一起拌炒，调小米椒、盐、味精翻匀，烹入适量白醋，即可出锅装盘。

【市场销售采购信息】

（1）永丰县蔬菜发展有限公司，联系电话：0796–2529192

（2）吉安市佐盛农业发展有限公司，联系电话：18755554425

（3）永丰县光才智富家庭农场，联系电话：15079616585

（4）永丰县邓竹生家庭农场，联系电话：13217069327

（5）永丰县罗义平家庭农场，联系电话：18179635686

11. 赣县辣椒

名特优新农产品证书编号：
CAQS-MTYX-20220354

【主要产地】江西省赣州市赣县区茅店镇、江口镇、石芫乡、吉埠镇、南塘镇、三溪乡、田村镇、白鹭乡、大田乡、长洛乡、储潭镇、大埠乡、王母渡镇、阳埠乡、沙地镇、五云镇、湖江镇、韩坊镇。

【产地环境】赣县区地形属低山丘陵区，属中亚热带丘陵山区季风湿润气候区，春早夏长，秋短冬暖，森林覆盖率达 75%。赣县地区土壤中硒元素平均含量为 0.30 mg/kg，略高于全国土壤硒平均含量值，富硒区（潜在富硒区）面积约为全区面积的 51.56%，非常适宜富硒辣椒的培育种植。

【品质特征】在赣州市赣县区独特的生产环境下，赣县辣椒具有外观呈牛角或羊角状，长 18 ～ 22 cm，椒粗 1.5 ～ 2.5 cm，肉厚 0.2 ～ 0.3 cm，果面翠绿色，光滑有光泽，微有褶皱；果肉肥厚、质地脆，微辣的感官特征。赣县辣椒粗纤维含量为 1.4%、维生素 C 含量为 208 mg、可溶性糖含量为 4.0%、辣椒素类物质（辣椒素和二氢辣椒）含量为 0.65 g/100 g、锌含量为 0.32 mg/100 g、硒含量为 1.10 μg/100 g。

【收获时间】当年 11 月至翌年 6 月中旬。

【推荐贮藏和食用方法】

贮藏方法：放置于专用包装箱中，避免挤压损伤，避光，于 0 ～ 5℃低温保存，严禁与其他有异味或霉变物品共同存放。

食用方法：可洗净后直接食用，亦可腌制、烹制后食用，或用作其他菜肴配料。

辣椒炒肉做法

原料：辣椒5个、猪肉适量，食用油、盐、老抽、耗油、生姜、葱、淀粉少许。

制作方法：青椒洗净去蒂切丝，葱切斜段，姜切丝，五花肉切丝（用淀粉、生抽、姜丝抓拌腌制）。起锅烧热放油，放入五花肉煸炒出油。放入葱姜爆香，放入老抽、青椒丝、蚝油翻炒，炒至青椒断生，撒入适量的盐，即可装盘。

【市场销售采购信息】

（1）赣州铭宸农业发展有限公司

联系人：张向江，联系电话：13736459999

（2）赣州市赣县区五云桥无公害蔬菜专业合作社

联系人：申建，联系电话：15970166597

（3）赣州市赣县区奥伶农业专业合作社

联系人：叶传候，联系电话：13970110599

（4）赣州市赣县区浓口专业合作社

联系人：姚亮，联系电话：15579868115

二、水果和坚果篇

1. 井冈蜜橘

名特优新农产品证书编号：CAQS-MTYX-20200293

【主要产地】江西省吉安市新干县的金川镇、三湖镇、麦斜镇。

【产地环境】新干县地处赣江中游，地处中亚热带湿润季风气候区，气候温和，雨量充沛，年平均气温 17.5℃，无霜期 275 d，降水量 1 604.5 mm，日照时数达 1 684.8 h，基地土壤为典型的地带性红壤，pH 值为 5 ～ 5.5，山地土有机质含量为 0.6% ～ 2.2%，非常适宜柑橘类果树生长。

【品质特征】果实完整良好，新鲜，无病虫害，果形端正，橘皮着色面积 80% 以上，果皮橙黄、光滑、色泽鲜艳，皮质细薄、油胞小，果肉橙色、细嫩多汁、分瓣容易，风味香甜，有芳香味，品质佳。可溶性固形物含量为 20%，总酸含量为 0.81%、固酸比为 27.1∶1，维生素 C 含量为 42.8 mg/100 g，维生素 B_2 含量为 2.14 mg/100 g。井冈蜜橘味甘、酸，性寒，有健胃化食、下气消痰、轻身悦色等功用。

【收获时间】收获期为 12 月中旬至翌年 2 月。

【推荐贮藏和食用方法】

贮藏方法：贮藏适宜温度 5 ～ 6℃，适宜相对湿度 75% ～ 90%，不宜长期贮藏。

食用方法：直接鲜食或制作罐头。

【市场销售采购信息】

（1）江西腊月红生态果业有限公司

联系人：聂雄辉，联系电话：18970680107

（2）江西省鸡落峰农业开发有限公司

联系人：杨飞舞，联系电话：15079660070

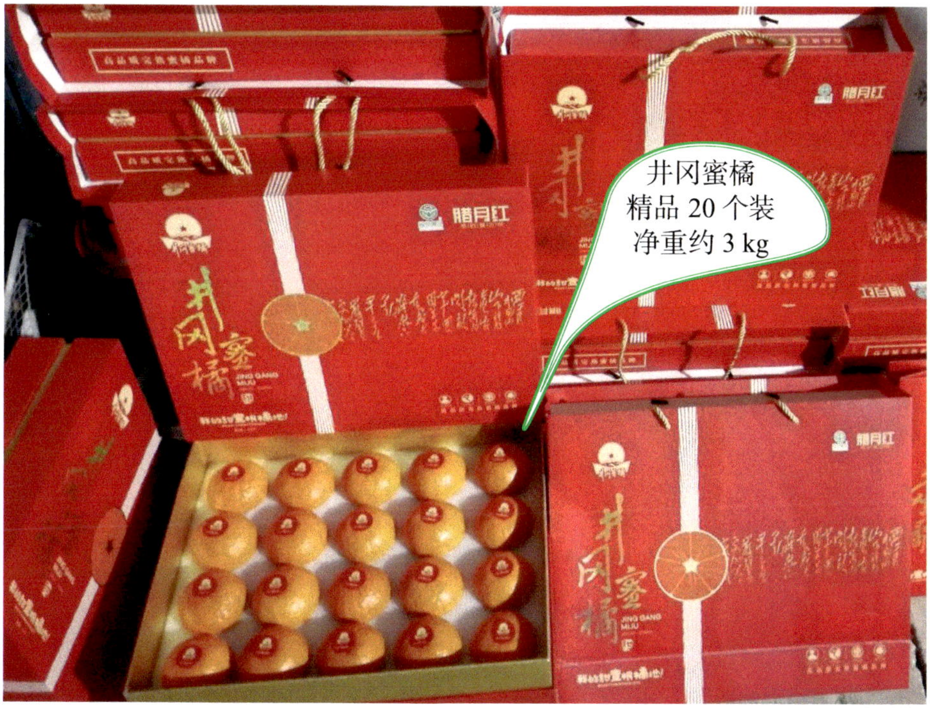
井冈蜜橘
精品 20 个装
净重约 3 kg

5. 吉安县横江葡萄

名特优新农产品证书编号：CAQS-MTYX-20210717

【主要产地】江西省吉安市吉安县横江镇、敦厚镇、永阳镇及桐坪镇四个乡镇，全县种植规模 5 万余亩。

【产地环境】吉安县属亚热带季风气候，气候温和，日照丰富，四季分明，地处吉泰盆地腹地，丘陵山地为主，红壤土，年平均气温 18.4℃，1 月平均气温 6.0℃，极端低温极值为 -8.0℃，≥ 10℃年有效积温为 5 767.0℃，年平均降水量 1 457.5 mm，年平均日照为 1 457.5 h，无霜期平均 281 d。横江葡萄主要选择平缓矮丘山地以及高岸农田、旱地种植。

【品质特征】吉安县横江葡萄果穗中等偏大，圆锥形，果粒着生紧密，平均单粒重 12 g，椭圆形或圆形，果皮黄绿色，果肉质地脆，汁多味甜，有葡萄固有香气。可溶性固形物含量为 21.5%，总酸（以酒石酸计）含量为 0.22%，维生素 C 含量为 13.4 mg/100 g，磷含量为 23 mg/100 g，钾含量为 261 mg/100 g，硒含量为 0.4 μg/100 g。每天食用适量的鲜葡萄，不仅会减少心血管疾病的发病风险，还特别有益于那些局部缺血性心脏病和动脉粥样硬化心脏病患者的健康。

【收获时间】目前主要有夏黑、巨峰、阳光玫瑰 3 个品种，夏黑在 6 月中下旬上市，8 月上旬结束；巨峰在 7 月中旬上市，9 月上中旬结束；阳光玫瑰在 7 月下旬上市，10 月上旬结束。

【推荐贮藏和食用方法】

贮藏方法：冰箱贮藏期可达半个月。

食用方法：以鲜食为主，也可以家庭制作果汁、冷饮、葡萄凉粉等产品食用。

【市场销售采购信息】

（1）吉安县横江葡萄专业合作社，联系电话：15879414866（刘）

（2）江西井冈缘生态科技有限公司，联系电话：13687060088（王）

（3）吉安县益田生态种植专业合作社，联系电话：13576840299（赵）

（4）吉安县蒋坊果蔬专业合作社，联系电话：13766203615（蒋）

（5）吉安县万祥园艺专业合作社，联系电话：13125261138（郭）

（6）吉安县横江镇横溪葡萄专业合作社，联系电话：13576840458（肖）

（7）吉安县美味源葡萄专业合作社，联系电话：13576601703（刘）

（8）吉安县横江镇大洲村食用菌专业合作社，联系电话:18970667118（胡）

6. 龙虎山板栗

名特优新农产品证书编号：
CAQS-MTYX-20200631

【主要产地】江西省鹰潭市龙虎山风景区龙虎山镇龙虎村、上清镇城门村。

【产地环境】龙虎山板栗产地位于鹰潭市龙虎山风景名胜区，属中亚热带湿润季风气候，境内群山连绵，森林覆盖率 62%，温暖湿润，夏无酷暑，冬无严寒，光照充足，年平均气温 18.0℃，平均日照 1 858.9 h，无霜期 262 d，平均降水量 1 889 mm，相对湿度 75% ～ 80%。土壤以红壤为主，一般为沙壤到中壤土，有机质含量平均为 1.77%，pH 值 5 ～ 6；境内水资源丰富，地面有泸溪河流过，水质优良。独特的气候环境条件孕育了“龙虎山板栗”独特的品质。

【品质特征】龙虎山板栗总苞大，刺束长而密，内含 2 ～ 3 粒坚果。坚果半锥形或锥形，大而饱满，平均粒重 18 ～ 20 g，果壳呈酱色，有光泽，果顶部具有白色绒毛，肩部以下绒毛稀疏，外观优美。果仁呈淡黄色，肉质细腻，清脆可口，味甜，品质佳。

龙虎山板栗淀粉含量为 33.8%，总糖含量为 9.48%，蛋白质含量为 3.98%，脂肪含量为 0.85%，有养胃健脾、补肾强筋的功用。

【收获时间】每年 9—10 月，最佳品质期为 9 月。

【推荐贮藏和食用方法】

贮藏方法：短期常温保存即可，长期保鲜可低温冷藏。

食用方法：即摘即食。

【市场销售采购信息】

（1）鹰潭市龙虎山景区龙福山板栗专业合作社

联系人：黄志华，联系电话：15307010915

地址：江西省鹰潭市龙虎山景区龙虎山镇龙虎村金山组

（2）鹰潭市员星种植农民专业合作社

联系人：李员星，联系电话：15807018627

地址：江西省鹰潭市龙虎山景区上清镇城门村

（3）江西天师股份农业有限公司

联系人：薛小兵，联系电话：13907017948

地址：江西省鹰潭市龙虎山景区上清镇城门村

（4）鹰潭市风景旅游区农业开发总公司

联系人：薛飞华，联系电话：0701 6656023

地址：江西省鹰潭市龙虎山风景区排衙石大道 1 号

三、畜禽篇

1. 西山清真牛肉

名特优新农产品证书编号：CAQS-MTYX-20200030

【主要产地】江西省南昌市新建区西山镇泉珠村茶园自然村。

【产地环境】新建区西山镇处于南昌市以西 25 km，素有南昌“西大门”之称，属典型的低山丘陵地貌和亚热带季风气候，四季分明，光照充足，无霜期长，春季低温阴雨，春夏两季雨量集中，秋季干燥凉爽，冬季干冷少雪，是全省重点特色小城镇和全市社会主义新农村建设示范镇。全镇现有耕地 4.5 万亩，林地 9.6 万亩，大小（山塘）水库 153 座，生态良好。西山天然牧场环境优越，原生态土层润厚，雨量充足，光照充沛，非常适宜肉牛生长和繁殖。

【品质特征】西山清真牛肉肉色鲜红，纹理细致，大理石花纹适中，脂肪色泽为白色或带淡黄色，肌肉纤维细嫩，肉质紧密，富有弹性，入口弹牙，有嚼劲又不失嫩滑。

西山清真牛肉蛋白质含量为 22%，脂肪含量为 0.61%，亚油酸含量为 26.9%，亚麻酸含量为 7.26%。

【出栏时间】全年均有出栏。

【推荐贮藏和食用方法】

贮藏方法：-18℃超低温冷冻保存，保质期 12 个月。

食用方法：红烧、清炖、小炒均可。

【市场销售采购信息】

江西钰惠畜牧业发展有限公司

联系人：罗彪，联系电话：13207916888

联系人，罗腊金，联系电话：18979138583

地址：江西省南昌市新建区西山镇泉珠村茶园自然村

2. 西山清真羊肉

名特优新农产品证书编号：
CAQS-MTYX-20200029

【主要产地】江西省南昌市新建区西山镇泉珠村茶园自然村。

【产地环境】新建区西山镇处于南昌市以西 25 km，素有南昌“西大门”之称，属典型的低山丘陵地貌和亚热带季风气候，四季分明，光照充足，无霜期长，春季低温阴雨，春夏两季雨量集中，秋季干燥凉爽，冬季干冷少雪，是全省重点特色小城镇和全市社会主义新农村建设示范镇。全镇现有耕地 4.5 万亩，林地 9.6 万亩，大小（山塘）水库 153 座，生态良好。西山天然牧场环境优越，原生态土层润厚，雨量充足，光照充沛，非常适宜羊群的生长和繁殖。

【品质特征】西山清真羊肉肉色鲜红，脂肪呈乳白色，肌纤维细嫩，有大理石花纹；肉质细嫩，富有弹性，外表略干但是不粘手，有新鲜的膻味，无其他异味；煮熟后，肉汤透明澄清，入口弹牙，有嚼劲又不失嫩滑。

西山清真羊肉蛋白质含量为 22%，亚油酸含量为 13.8%，必需氨基酸占总氨基酸比例为 41.5%。

【出栏时间】全年均有出栏。

【推荐贮藏和食用方法】

贮藏方法：-18℃超低温冷冻保存，保质期 12 个月。

食用方法：红烧、清炖、小炒均可。

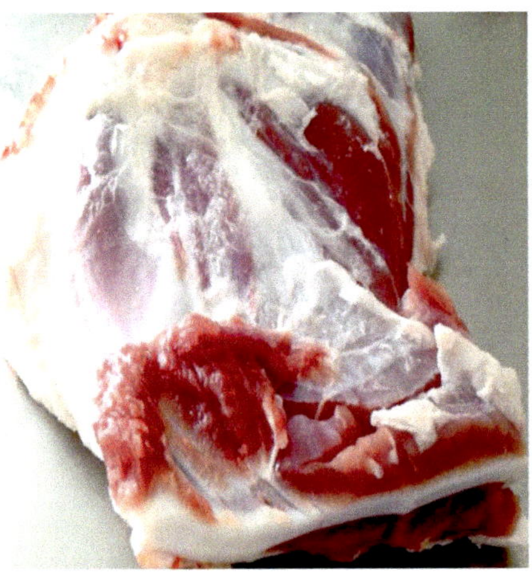

【市场销售采购信息】

江西钰惠畜牧业发展有限公司

联系人：罗彪，联系电话：13207916888

联系人：罗腊金，联系电话：18979138583

地址：江西省南昌市新建区西山镇泉珠村茶园自然村

3. 安源绿壳乌鸡蛋

名特优新农产品证书编号：
CAQS-MTYX-20200031

【主要产地】江西省萍乡市安源区高坑镇泉江村。

【产地环境】安源区地形以丘陵、平原为主，属于亚热带湿润季风气候区，四季分明，光照充足，雨量丰沛，气候温和。霜期较短，无霜期年平均 278 d，年平均气温 17.3℃，年平均日照时数 1 500 ～ 1 600 h，年均降水量 1 603.2 mm。安源绿壳乌鸡蛋核心产区位于江西省萍乡市高坑镇泉江村罗霄山脉脚下，与江西武功山同属罗霄山脉，植被茂盛，远离工矿区、城市污染源以及交通干线。农场周围依山傍水、植被茂盛、空气清新，水源采自山泉水，水质清澈，富含丰富矿物质及微量元素，所以当地产的鸡蛋品质好、营养丰富。

【品质特征】安源绿壳乌鸡蛋由珍贵鸡种五黑鸡所产，呈规则卵圆形，个头较小；蛋壳表面清洁，无裂纹，色泽呈青绿色；蛋黄居中，轮廓清晰，蛋白澄清透明、稀稠分明；蛋内容物质中无血斑、肉斑等异物。

安源绿壳乌鸡蛋蛋白质含量为13.2%，胆固醇含量为262 mg/100 g，锌含量为13.4 mg/kg，硒含量为0.22 mg/kg，鸡蛋营养价值丰富，具有增强免疫力、健脑益智、降低血脂、延缓衰老等功效。

【收获时间】全年均为收获期。

【推荐贮藏和食用方法】

贮藏方法：冷藏保鲜。一般建议放入冰箱冷藏，最适当的保存温度为5～7℃。

食用方法：安源绿壳乌鸡蛋有多种食用方法，可煮、炒、煎、蒸等，但不同的烹调方式在人体的消化吸收有所不同，最佳吃法是带壳水煮蛋。鸡蛋冷水下锅，慢火升温，沸腾后微火煮3 min，停火后再浸泡5 min。这样煮出来的鸡蛋蛋白嫩，蛋黄凝固又不老，蛋白变性程度最佳，也最容易消化。

【市场销售采购信息】

江西新农园实业有限公司

联系人：卢峰，联系电话：13307990789

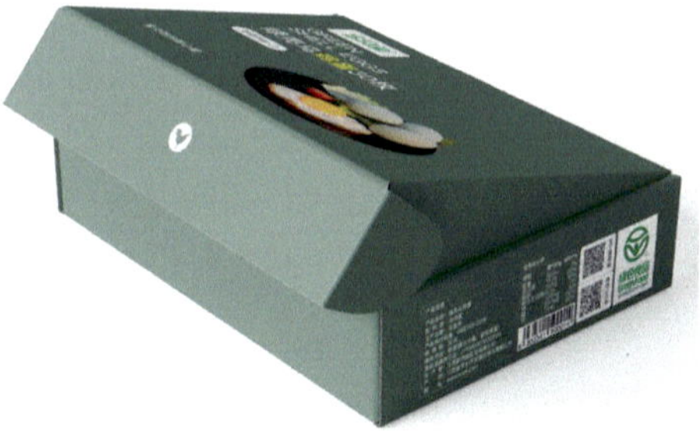

4. 泰和乌鸡

名特优新农产品证书编号：
CAQS-MTYX-20210050

【主要产地】江西省吉安市泰和县。

【产地环境】泰和县地处赣中南吉泰盆地腹地，气候温暖湿润，年均日照 1 756.4 h，气温 18.6℃，无霜期 281 d，降水量 1 726 mm，光能充足，四季分明，热量丰富，雨量丰沛，季风明显，属典型的亚热带湿润季风气候。境内河流众多，群山环抱，丘陵起伏，森林覆盖率 61.6%，具有“六山一水二分田，半分道路和庄园”的江南低丘陵特色，产区的水体与土壤含有丰富的矿物质（如硒、铁、铜、钙等），为保持泰和乌鸡独有的特征和价值，创造了得天独厚的条件。

【品质特征】泰和乌鸡全身皮肤乌黑色，眼、喙、爪均为黑色，骨质及骨髓为浅黑色，骨膜漆黑发亮，肉为浅黑色。肉嫩味鲜，富有弹性，具有鲜肉香味，感官品质上乘。经烹饪加工后，肉嫩多汁，汤鲜味美。

泰和乌鸡蛋白质含量为 24.3%，脂肪含量为 2.41%，鲜味氨基酸含量为 4 980 mg/100 g，肌苷酸含量为 2.6 mg/g，亚油酸含量为 30.9%。泰和乌鸡营养价值丰富，具有滋阴补血、延缓衰老、提高免疫力的滋补功效。

【出栏时间】全年均有出栏，一般饲养至 120 d 以上为最佳。

【推荐贮藏和食用方法】

贮藏方法：-18℃以下冷冻保存。

食用方法：

（1）枸杞红枣泰和乌鸡汤：①净膛焯水：将冰鲜乌鸡洗净，放入沸水中烫 3 min，捞沫沥干。②枸杞用温水浸透洗净，红枣去核，生姜去皮切片备用。③乌鸡置于隔水砂锅中，加入矿泉水约 1 500 mL，炖约 2 h 后，再放入以上备用材料，再炖约 1 h 后，调盐味即可食用。

（2）清炖泰和乌鸡汤：将泰和乌鸡放血，去毛净膛、鸡尾，肝、肫、心、肠留用，整只置砂锅内，加入矿泉水约 1 000 mL，旺火 10 min，捞净水沫，文火清炖 1 h（饲养超 120 d 以上，适时延长），停火焖锅 10 min，调盐味即可食用。

【市场销售采购信息】

泰和县德敏互联网产业发展有限公司

联系人：黄敏，联系电话：15079649186

9. 赣南香猪

名特优新农产品证书编号：
CAQS-MTYX-20220052

【主要产地】江西省赣州市安远县天心镇、龙布镇、蔡坊乡。

【产地环境】安远县地处赣、闽、粤三省交汇处，位于赣州市南端，土地面积 2 350 km^2，森林覆盖率 82.72%，年平均气温 18.7 ℃，年降水量 1 600 ～ 1 800 mm，无霜期 282 d，气候温和，光照充足。全县植被丰富，土壤肥沃，富含多种微量元素，特别适合以天然野生可食性植物及果实为主食的赣南香猪生存。

【品质特征】赣南香猪体型偏小、相貌类似于野猪，嘴长而尖，面部狭窄，皱纹偏少，两耳直立，鬃毛长并且容易直立，臀部相对倾斜，后躯干相对较高，四肢较为细小，毛色偏黑。肉色鲜红有光泽，有明显的大理石纹，脂肪乳白色，且有透明状；肌肉纤维细致清晰，肉质鲜嫩有韧性，无腥不腻、汁多味美，具有香猪特有的芳香气味，感官品质佳。

赣南香猪脂肪含量为 12.2%，鲜味氨基酸（谷氨酸 + 天冬氨酸）含量为 4 400 mg/100 g，必需氨基酸含量为 6 710 mg/100 g，亚油酸含量为 18.9%，锌含量为 35.3 mg/kg。

【出栏时间】全年均可出栏。

【推荐贮藏和食用方法】

贮藏方法：冷藏或冷冻贮藏。

食用方法：猪肉的制作方法有很多，可炒、焖、炖、蒸、煮、炸均可。

【市场销售采购信息】

（1）安远县大竹湖生态农业有限公司

联系人：陈和洪，联系电话：15170161666

（2）安远县大竹湖农民专业合作社

联系人：陈和洪，联系电话：15170161666

10. 贵溪鸡蛋

名特优新农产品证书编号：CAQS-MTYX-20220353

【主要产地】江西省鹰潭市贵溪市河潭镇丰田村。

【产地环境】贵溪市河潭镇地处丘陵地带，地势西北高、东南低，最高海拔 133 m（大脚岭），最低海拔 45 m（九夏）。信江由河潭埠入境呈“S”形流经九夏出境，全长约 1 810 m，土壤多属红壤及冲积沙壤，宜林宜耕。土壤多属红壤及冲积沙壤，宜林宜耕。河潭镇地属中亚热带温湿气候区，气温高，光照充足，雨量丰沛，无霜期长。常年平均温度为 18.3℃，年降水总量 1 900 mm 左右。河潭镇环境优美，土地肥沃，是江西省主要的蛋鸡养殖基地。

【品质特征】贵溪鸡蛋采用规模化、数字化养殖，经过严格的质检把关。蛋壳清洁完整，无裂纹，无霉斑，呈浅褐色，呈规则卵圆形；蛋重 57～61 g，蛋壳厚 0.46～0.5 mm，蛋黄比率约 33%，蛋黄居中，轮廓清晰；蛋白澄清透明，稀稠分明，蛋内容物中无血斑、肉斑等异物。

贵溪鸡蛋蛋白质含量为 12.6%，脂肪含量为 7.46%，鲜味氨基酸（谷氨酸 + 天冬氨酸）含量为 2 860 mg/100 g，必需氨基酸含量为 5 220 mg/100 g，亚油酸含量为 17.1%，维生素 A 含量为 579 μg/100 g，微量元素锌含量为 1.22 mg/100 g。

【收获时间】全年均为收获期。

【推荐贮藏和食用方法】

贮藏方法：冷藏保鲜为主。

食用方法：可蒸、煮、煎、烘焙等。

【市场销售采购信息】

江西康益禽业发展有限公司

联系人：丰雄，联系电话：13807016503

11. 莲花肉牛

名特优新农产品证书编号：
CAQS-MTYX-20220348

【主要产地】江西省萍乡市莲花县。

【产地环境】莲花县地貌由山地、丘陵、岗地、河谷平原和山间盆地组成，地势北、东、西三面高，中部和南部低，四周山岭环绕，森林覆盖率达73.78%，生态环境良好，气候温和、阳光充足、雨水充沛、四季分明，年平均气温17.5℃，年降水量在1 600～1 700 mm，年平均日照为1 697.4 h，无霜期年平均284 d，生态环境优美、空气负氧离子含量高，是典型的江南鱼米之乡。莲花肉牛养殖地周边生态环境良好、无污染工业，且远离工矿区和公路干线，气候适宜，水草良好，符合畜禽养殖标准，非常适合肉牛养殖。

【品质特征】莲花肉牛毛色为黄白花，头、胸、腹下、四肢及尾多为白色，头较长，面宽，角细且稍向上，颈长中等，体格大，体躯呈圆筒状，胸深，尻宽平，四肢结实，大腿肌肉发达。肉色深红有光泽，大理石纹丰富，肌肉纤维清晰，肉质紧密，富有弹性，具有鲜牛肉正常气味；煮沸后肉汤澄清透明，肉质鲜嫩，香味浓郁，品质佳。

莲花肉牛蛋白质含量为24.4 g/100 g，脂肪含量为2.2 g/100 g，氨基酸总含量为19 868 mg/100 g，必需氨基酸总含量为7 837 mg/100 g，鲜味氨基酸（谷氨酸和天冬氨酸）含量为5 290 mg/100 g。

【出栏时间】出栏最佳时间是1～3岁。

【推荐贮藏和食用方法】

贮藏方法：新鲜牛肉以冷藏为佳，亦可冷冻保存，保质期可达3个月。

食用方法：可小炒、炖煮、凉拌、卤制等。

【市场销售采购信息】

（1）江西胜龙牛业有限公司

联系人：罗朝辉，联系电话：13822271658

（2）胜龙（广州）销售有限公司

联系人：涂志彬，联系电话：13829793468

12. 莲花麻鸭

名特优新农产品证书编号：
CAQS-MTYX-20220349

【主要产地】江西省萍乡市莲花县。

【产地环境】莲花县为亚热带季风气候，温暖湿润，雨量充沛，水域广阔，水草及浮游生物丰富，盛产螺蛳、泥鳅、小鱼、小虾等动物性饲料，特别适合鸭子生长。莲花麻鸭饲养于生态环境良好、无污染地区，远离工矿区和公路干线，避开污染源。且当地气候适宜，水质良好，符合畜禽养殖用水要求，春季播种插秧时放鸭苗与秧苗一起成长，鸭子主要以食虫和五谷长大，同时水域广阔，鸭子运动充足，因此莲花麻鸭肉质优良。

【品质特征】莲花麻鸭全身羽毛黄褐色与黑色相间，形成麻色，故称麻鸭，脖子细长，型狭长，呈船形，羽毛紧密，体型小，成熟鸭重 1 kg 左右。胴体新鲜自然、完整匀称，体表颜色乳白、光洁、完好，肌肉紧实致密，富有弹性，具有鸭肉固有气味，煮熟后，肉质细嫩，肉汤清澈、鲜香。

莲花麻鸭蛋白质含量为 20.6 g/100 g，脂肪含量为 1.2 g/100 g，氨基酸总含量为 18 662 mg/100 g，必需氨基酸总含量为 7 495 mg/100 g，鲜味氨基酸（谷氨酸和天冬氨酸）含量为 4 933 mg/100 g。

【出栏时间】最佳出栏时间为饲喂 2 ～ 3 个月，全年均可供应上市。

【推荐贮藏和食用方法】

贮藏方法：可冷藏、冷冻和腌制。冷藏保鲜一般建议保存在 -3℃以下为佳；冷冻保存可达 3 个月。

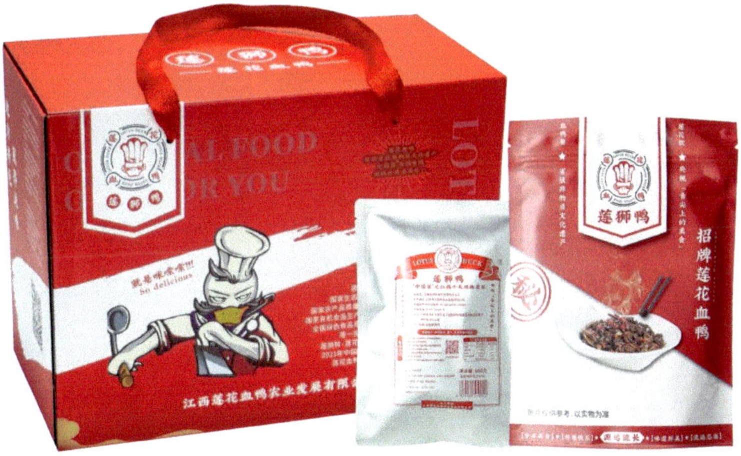

食用方法：

莲花血鸭，具体做法：①将鸭子宰杀，盛血的碗里放少许陈糯米酒或盐，并将血拌 1 ～ 2 min，防止血凝固。②将鸭子洗净，剁成碎丁块备用。③将辣椒、生姜、大蒜切成与鸭块同等大小的丁块；配料与鸭子同等分量，辣椒、生姜、大蒜的比例为 2∶1∶1。④将红锅里倒茶油，爆炒鸭子，将水分煸干后放少许陈糯米酒和酱油；然后倒水，以刚淹没鸭子为佳；加入盐，盖上锅盖，待水分剩少许时（约七分熟）放入辣椒、生姜、大蒜；⑤起锅前将鸭血倒入，翻炒后装盘即可。

【市场销售采购信息】

江西莲花血鸭农业发展有限公司

联系人：颜宏博，联系电话：15618107938

四、水产篇

1. 南丰甲鱼

名特优新农产品证书编号：CAQS-MTYX-20210053

【主要产地】江西省抚州市南丰县琴城镇、市山镇、白舍镇、紫霄镇、洽湾镇、桑田镇、太和镇、莱溪乡、东坪乡、太源乡、三溪乡、付坊乡。

【产地环境】南丰县属亚热带季风气候区，气候温暖，雨量充沛，无霜期长，四季分明。年均气温 18.2℃，年降水量 1 659.6 mm。地势中间低，东南及西北高，属半山区丘陵地区，森林覆盖率达 68.7%。境内有鄱阳湖流域抚河上游——盱江贯通南北，沧浪水、九剧水、密江水、洽村水、甘坊水、三坊水、军港水等支流和傩湖、琴湖、潭湖水库、车么岭水库星罗棋布，水域资源丰富。良好的自然水资源和独特的气候条件为南丰甲鱼提供了优良的自然生长环境。

【品质特征】南丰甲鱼头大、吻尖、颈粗，下唇较厚。体型为椭圆形，背部平坦，背脊突出不明显，色泽光亮，呈青黄色；腹部乳白色，腹甲骨楔形；裙边宽厚，近尾端略尖。四肢粗壮，爪基部粗大，略弯曲。肉质细嫩，裙边韧性强，富有弹性；汤汁清澈，味道清香。

南丰甲鱼营养丰富，其中蛋白质含量为 17.4%、脂肪含量为 0.28%、油酸含量为 19%、亚油酸含量为 23.6%、赖氨酸含量为 1.58 g/100 g。

【捕捞时间】一年四季均可捕捞上市，最佳捕捞时间为春、冬两季。

【推荐贮藏和食用方法】

贮藏方法：在阴凉湿润、温度 10℃以下的地方可贮藏 10 d 左右。

食用方法：可红烧、清蒸、煲汤等。

【市场销售采购信息】

（1）江西添鹏生态农业有限公司

联系人：吴国辉，联系电话：13979417775

（2）南丰县恒辉龟鳖养殖专业合作社

联系人：谢军辉，联系电话：13979411879

（3）南丰县福园水产养殖有限责任公司

联系人：蔚晓阳，联系电话：13879477755

2. 庐山西海鳙鱼

名特优新农产品证书编号：
CAQS-MTYX-20210047

【主要产地】江西省九江市武宁县庐山西海。

【产地环境】武宁县在地形上属鄂赣边缘山地、丘陵的一部分，气候温和湿润，四季分明，雨水充沛，霜期较短，日照充足，年平均 1 700 h。西海鳙鱼产于庐山西海（武宁辖区），庐山西海生态区水面呈带状，全长 102.5 km，最大宽度 7.5 km，平均宽度 1.9 km。湖水清澈，水质一流，平均能见度达 9 ~ 11 m，属国家一级水体，大气负氧离子含量每立方厘米 15 万个，利于庐山西海鳙鱼的生长。

【品质特征】庐山西海鳙鱼头背部灰黑色，间有淡黄色色泽，体两侧有黑色斑点，体表黏液丰富，无异味，鳃丝暗红色，肌肉紧密有弹性，肉质细嫩。

庐山西海鳙鱼粗脂肪含量为 0.41 g/100 g，蛋白质含量为 17.69 g/100 g，鲜味氨基酸（谷氨酸 + 天冬氨酸）含量为 4 480 mg/100 g，微量元素铁含量为 10.67 mg/kg。

【捕捞时间】全年均可捕捞上市。

【推荐贮藏和食用方法】

贮藏方法：鲜活鳙鱼可存放暂养池，宰杀后直接烹饪最佳，亦可冷藏保存。

食用方法：西海鳙鱼食用方法多样，且可以一鱼多吃。鱼头部分肉质肥嫩，具有独特的鲜味和口感，可烹制成“清蒸鱼头”“鱼头煮豆腐”“辣烩鱼头”等；鱼身可红烧、制作鱼丸、片薄熬汤等。

【市场销售采购信息】

江西山水武宁渔业发展有限公司

联系人：张宝，联系电话：13755253035

官方网站：https://www.gnfishery.com/

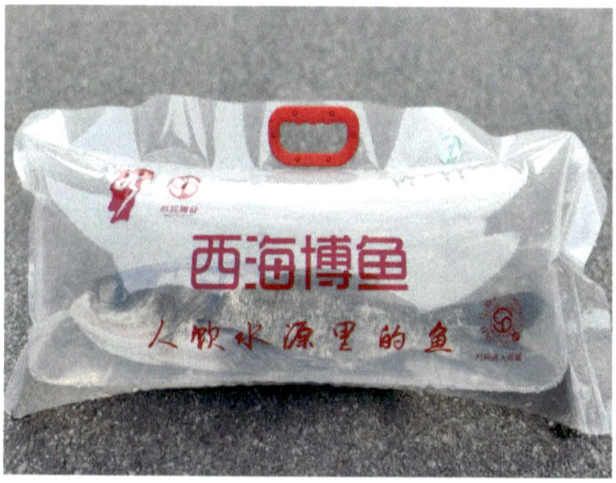

3. 崇义鳙鱼

名特优新农产品证书编号：
CAQS-MTYX-20210712

【主要产地】崇义县横水镇水口村，过埠镇过埠村，杰坝乡黄沙村、长潭村。

【产地环境】崇义县位于江西省西南边陲，地处东经 113°55′ ～ 114°38′，北纬 25°24′ ～ 25°55′。东与南康区接壤，南与大余县和广东省仁化县相交，西与湖南省汝城县、桂东县毗邻，北与上犹县交界，为赣粤湘三省交界处，四通八达，交通便利。崇义县属中亚热带季风湿润区，冬夏两季盛行季风，全年热量丰富，四季分明，雨量充沛，空气湿度大，无霜期长。全年平均温度在 15℃左右，降水量在 2 000 mm 左右，极端最高温度在 36℃，极端最低温度在 -5℃，产区阳明湖水体水质属中度营养状态，水质状态良好，浮游植物、浮游动物群落结构稳定、物种丰富，为鱼类生长提供了大量天然饵料。

【品质特征】崇义鳙鱼鱼头较大，头长大于体高，鳞片细小。鱼体表面光滑，侧线完全，在胸鳍末端上方弯向腹侧，向后延伸至尾柄正中。腹部灰白，在腹鳍基部之前较圆，其后部至肛门前有狭窄的腹棱。肉质紧实富有弹性，味道鲜美纯正，腥味淡。

崇义鳙鱼营养丰富，其中蛋白质含量为 16.3%、鲜味氨基酸（谷氨酸 + 天冬氨酸）含量为 4 140 mg/100 g、必需氨基酸含量为 6 240 mg/100 g、脂肪含量为 1.34%、亚麻酸占总脂肪酸比例为 4.56%、钾含量为 363 mg/100 g、硒含量为 26 μg/100 g。

【捕捞时间】无禁渔期，全年均可捕捞上市。

【推荐贮藏和食用方法】

贮藏方法：鲜活鳙鱼可存放暂养池，宰杀后直接烹饪最佳，亦可冷藏保存。

食用方法：崇义鳙鱼的食用方法多样，且可以一鱼多吃。鱼头部分肉质肥嫩，具有独特的鲜味和口感，可烹制成“清蒸鱼头”“鱼头煮豆腐”“辣烩鱼头”等；鱼身可红烧、制作鱼丸、片薄熬汤等。

【市场销售采购信息】

（1）崇义章源投资控股有限公司阳明湖渔业分公司

联系人：王绍玲，联系电话：13803576889

（2）崇义县阳明湖生态鱼馆

联系人：罗雪梅，联系电话：13576728809

4. 崇义草鱼

名特优新农产品证书编号：
CAQS-MTYX-20210711

【主要产地】崇义县横水镇水口村，过埠镇过埠村，杰坝乡黄沙村、长潭村。

【产地环境】崇义县位于江西省西南边陲，地处东经 113°55′ ～ 114°38′，北纬 25°24′ ～ 25°55′。东与南康区接壤，南与大余县和广东省仁化县相交，西与湖南省汝城县、桂东县毗邻，北与上犹县交界，为赣粤湘三省交界处，四通八达，交通便利。崇义县属中亚热带季风湿润区，冬夏两季盛行季风，全年热量丰富，四季分明，雨量充沛，空气湿度大，无霜期长。全年平均温度在 15℃左右，降水量在 2 000 mm 左右，极端最高温度在 36℃，极端最低温度在 -5℃，阳明湖四季温和湿润，冬无严寒、夏无酷夏，湿地区域具有典型性、代表性鲜明的河库型湿地生态系统，是赣南最大的丰厚水资源区地。阳明湖水体水质属中度营养状态，水质状态良好，浮游植物、浮游动物群落结构稳定、物种丰富，为鱼类生长提供了大量天然饵料。

【品质特征】崇义草鱼鱼体较长，前部略呈圆筒状，后部稍侧扁，腹圆无腹棱，背部青灰色，腹部银白色。口端位，呈弧形，上颌稍突出于下颌。吻稍钝而圆，鱼鳞较大，侧线完全，鳃色鲜红。肉质紧实有弹性，具有鱼肉固有的色泽和气味。

崇义草鱼营养丰富，其中蛋白质含量为 16.4%、鲜味氨基酸（谷氨酸 + 天冬氨酸）含量为 4 040 mg/100 g、钙含量为 51.6 mg/100 g、钾含量为 386 mg/100 g、硒含量为 23 μg/100 g，油酸含量为 33.26%。

【捕捞时间】无禁渔期，全年均可捕捞上市。

【推荐贮藏和食用方法】

贮藏方法：鲜活草鱼可存放暂养池，宰杀后直接烹饪最佳，亦可冷藏保存。

食用方法：可红烧、水煮、清蒸、小炒等。

【市场销售采购信息】

（1）崇义章源投资控股有限公司阳明湖渔业分公司

联系人：王绍玲，联系电话：13803576889

（2）崇义县阳明湖生态鱼馆

联系人：罗雪梅，联系电话：13576728809

5. 崇义鳊鱼

名特优新农产品证书编号：
CAQS-MTYX-20210710

【主要产地】崇义县横水镇水口村，过埠镇过埠村，杰坝乡黄沙村、长潭村。

【产地环境】崇义县位于江西省西南边陲，地处东经 113°55′ ～ 114°38′，北纬 25°24′ ～ 25°55′。东与南康区接壤，南与大余县和广东省仁化县相交，西与湖南省汝城县、桂东县毗邻，北与上犹县交界，为赣粤湘三省交界处，四通八达，交通便利。崇义县属中亚热带季风湿润区，冬夏两季盛行季风，全年热量丰富，四季分明，雨量充沛，空气湿度大，无霜期长。全年平均温度在 15℃左右，降水量在 2 000 mm 左右，极端最高温度在 36℃，极端最低温度在 −5℃，产区阳明湖水体水质属中度营养状态，水质状态良好，浮游植物、浮游动物群落结构稳定、物种丰富，为鱼类生长提供了大量天然饵料。

【品质特征】崇义鳊鱼鱼体肥大，体高侧扁，身体呈菱形，体背部青灰色，两侧银灰色，腹部银白。体侧鳞片基部灰白色，边缘灰黑色，形成灰白相间的条纹，鳃色鲜红。肉质紧实有弹性，味道鲜美纯正，腥味淡。

崇义鳊鱼营养丰富，其中蛋白质含量为 18.2%，脂肪含量为 3.92%，钾含量为 1 140 mg/100 g，硒含量为 29 μg/100 g，钙含量为 102 mg/100 g。

【捕捞时间】无禁渔期，全年均可捕捞上市。

【推荐贮藏和食用方法】

贮藏方法：鲜活草鱼可存放暂养池，宰杀后直接烹饪最佳，亦可冷藏保存。

食用方法：可红烧、水煮、清蒸、小炒等。最经典的做法是清蒸鳊鱼。

【市场销售采购信息】

（1）崇义章源投资控股有限公司阳明湖渔业分公司

联系人：王绍玲，联系电话：13803576889

（2）崇义县阳明湖生态鱼馆

联系人：罗雪梅，联系电话：13576728809

6. 崇义鲢鱼

名特优新农产品证书编号：
CAQS-MTYX-20210709

【主要产地】崇义县横水镇水口村，过埠镇过埠村，杰坝乡黄沙村、长潭村。

【产地环境】崇义县位于江西省西南边陲，地处东经 113°55′ ~ 114°38′，北纬 25°24′ ~ 25°55′。东与南康区接壤，南与大余县和广东省仁化县相交，西与湖南省汝城县、桂东县毗邻，北与上犹县交界，为赣粤湘三省交界处，四通八达，交通便利。崇义县属中亚热带季风湿润区，冬夏两季盛行季风，全年热量丰富，四季分明，雨量充沛，空气湿度大，无霜期长。全年平均温度在 15℃左右，降水量在 2 000 mm 左右，极端最高温度在 36℃，极端最低温度在 –5℃，产区阳明湖水体水质属中度营养状态，水质状态良好，浮游植物、浮游动物群落结构稳定、物种丰富，为鱼类生长提供了大量天然饵料。

【品质特征】崇义鲢鱼鱼体肥大，体形侧扁、稍高，腹部狭窄，鳞片细小。头大，约为体长的 1/4。吻短，钝圆，口宽。背部青灰色，两侧及腹部白色。鳃色鲜红，鳃丝清晰。具有鱼体固有色泽和光泽。肉质紧实有弹性，口感鲜嫩，腥味淡。

崇义鲢鱼营养丰富，其中蛋白质含量 16.8%，鲜味氨基酸（谷氨酸 + 天冬氨酸）含量为 4 340 mg/100 g、必需氨基酸含量为 6 410 mg/100 g、锌含量为 0.79 mg/100 g、硒含量为 19 μg/100 g、钙含量为 152 mg/100 g，钾含量为 494 mg/100 g。

【捕捞时间】无禁渔期，全年均可捕捞上市。

【推荐贮藏和食用方法】

贮藏方法：鲜活草鱼可存放暂养池，宰杀后直接烹饪最佳，亦可冷藏保存。

食用方法：可红烧、水煮、清蒸、小炒等。

【市场销售采购信息】

（1）崇义章源投资控股有限公司阳明湖渔业分公司

联系人：王绍玲，联系电话：13803576889

（2）崇义县阳明湖生态鱼馆

联系人：罗雪梅，联系电话：13576728809

7. 贵溪石蛙

名特优新农产品证书编号：
CAQS-MTYX-20210705

【主要产地】江西省鹰潭市贵溪市冷水镇平坑村。

【产地环境】贵溪市地势北高南低，属中亚热带季风性湿润气候，四季分明，气候温和，雨水充沛，光照充足，年平均气温为 17.9℃，年平均日照时数为 1 881.5 h，年平均降水量为 1 626.9 mm，无霜期平均为 266 d，适宜多种作物生长。区域境内最高海拔 1 534.6 m，千米以上高山 21 座，生态植被良好，四季葱郁，高山溪流密布，水源充沛，形成了贵溪石蛙生长独特的地理环境，为贵溪石蛙生长及特色品质的形成提供了独特的条件。

【品质特征】贵溪石蛙体大而粗壮，成蛙体长 18 ～ 23 cm，单体重约 230 g，蛙背面呈黑色，有些黑色背部有白色中线，腹呈淡黄白色。蛙头扁而阔，眼呈椭圆形，有上下眼睑。烹饪后味道鲜美，肉质有弹性。

贵溪石蛙蛋白质含量为 20.5%，脂肪含量为 0.52%，钾含量为 370 mg/100 g，磷含量为 190 mg/100 g，石蛙营养价值丰富，有健脾消积、滋补强壮的功效。

【收获时间】全年均可捕捞上市。

【推荐贮藏和食用方法】

贮藏方法：以冷藏保鲜为主，宜趁新鲜食用。

食用方法：①泉水煮石蛙：取山泉水下锅，不添加任何佐料，大火烧开，下贵溪石蛙煮 3 min，清香四溢，最大程度上保留了贵溪石蛙肉质的原汁原味，配上酱料，鲜美至极。②黄焖石蛙：猪油加热至八成，下入蛙肉，炒至金黄，取山泉水焖煮 5 min，再下入少量料酒、盐、青椒拌匀，鲜香四溢，将贵溪石蛙的鲜美展示得恰到好处，汤汁清甜，肉质 Q 弹饱满。

【市场销售采购信息】

江西阳际峰生态农业有限公司

联系人：夏斌，联系电话：13870010266

8. 兴国红鲤鱼

名特优新农产品证书编号：
CAQS-MTYX-20220363

【主要产地】江西省赣州市兴国县高兴镇蒙山村、高兴村。

【产地环境】兴国县位于江西省南部，赣州市北部，交通枢纽便利快捷，属亚热带季风湿润气候，气候温和，雨量充沛，光照充足，四季分明。年平均气温为 18.8℃，年平均降水量为 1 515.6 mm、年平均无霜期 284 d，年平均日照 1 926.5 h；境内生态环境优越，森林覆盖率达 85%，河网密布，水域丰富，水体和土壤含有丰富的钙、磷、钾、铁、铜、锌等微量元素，适宜兴国红鲤生长发育和发展养殖生产。

【品质特征】兴国红鲤体色鲜红，体侧及腹部泛有金属光泽，兴国红鲤体型较大，体长约 30 cm，体宽约 12 cm，单条重约 0.85 kg，肌肉组织紧密有弹性，具有鱼肉固有的色泽和气味；煮熟后口感滑嫩，滋味香甜，回味无穷。

兴国红鲤蛋白质含量为 17.9%，脂肪含量为 3.33%，鲜味氨基酸（谷氨酸＋天冬氨酸）含量为 4 400 mg/100 g，油酸含量为 46%，亚油酸含量为 22.6%，硒含量为 24 μg/100 g。

【捕捞时间】全年均可捕捞上市。

【推荐贮藏和食用方法】

贮藏方法：冷藏保鲜，将杀好的鱼用细盐抹匀腌好，放在冰箱的冷藏室里可保存 6 h 左右；如抹上细盐再包上保鲜膜，保鲜的效果更佳。

食用方法：清蒸、水煮、红烧、小炒均可。

清蒸红鲤鱼

主料：红鲤鱼 750 g。辅料：香菜 15 g。调料：大葱 15 g、姜 5 g、料酒 25 g、盐 4 g。

作法：①将鲤鱼去鳞、腮、内脏，洗净；②加葱末、姜末、香菜末、料酒和盐稍腌片刻；③在锅里加适量清水，将鱼煮至汤白肉烂；④加醋少许，即可食用。

【市场销售采购信息】

兴国县红鲤鱼良种场

联系人：刘光赞，联系电话：13576656596

9. 吉水清水龙虾

名特优新农产品证书编号：
CAQS-MTYX-20220365

【主要产地】江西省吉安市吉水县。

【产地环境】吉水县地处我国中东部，素有“鱼米之乡”的美誉，属亚热带季风湿润气候区，气候温和，雨量充沛，四季分明，无霜期长。森林覆盖率达 63.4%，空气质量指数全年在二级以上，县内赣江、乌江、泷江、住岐水等水系丰富，水源充足，水质清晰无污染，达一、二类淡水标准，适宜小龙虾养殖。吉水县被中国渔业协会授予“中国清水龙虾之乡”荣誉称号，为全国唯一殊荣。

【品质特征】吉水清水龙虾长约 9.5 cm，单体重 15 ～ 20 g。体表具坚硬外骨骼，头部和胸部粗大完整，体表清洁，外壳呈淡青色或淡红色，色泽光亮，腹部净白，鳃丝洁白。熟制后外壳鲜红，肉质洁白，细腻滑嫩，富有弹性，味鲜悠长。

吉水清水龙虾蛋白质含量为 16.8%，鲜味氨基酸（谷氨酸 + 天冬氨酸）含量为 4 170 mg/100 g，必需氨基酸含量为 5 380 mg/100 g，磷含量为 273 mg/100 g。

【捕捞时间】每年 3 月底至 7 月中旬。

【推荐贮藏和食用方法】

贮藏方法：鲜活小龙虾宜冷藏保存，可贮藏 3 ～ 7 d。

食用方法：吉水清水龙虾食用方法多样，可以清蒸、红烧、油焖、爆炒，也可以制成调味虾、口味虾等。

【市场销售采购信息】

（1）江西省金大洲农业发展有限公司

联系人：姜中华，联系电话：15073019555

（2）吉水县盘谷生态农业发展有限公司

联系人：张啟贵，联系电话：17779640980

（3）江西省九沐生态农业发展有限公司

联系人：蔡玉斌，联系电话：13755753691

（4）江西省夏锄生态农业开发有限公司

联系人：姚鑫，联系电话：17507098785

（5）吉水县绿禾生态家庭农场

联系人：汪贵全，联系电话：13479616601

（6）吉水龙升渔业养殖专业合作社

联系人：陈海龙，联系电话：15879634101

（7）红山都现代农业发展有限公司

联系人：肖信辉，联系电话：18707961872

（8）江西省吉湖生态农业有限公司

联系人：王国庆，联系电话：13807925471

（9）吉水大美生态渔业发展有限公司

联系人：陈朝，联系电话：13971285760

（10）吉水县益农生态农业发展有限公司

联系人：刘自回，联系电话：13707062583

五、茶叶篇

1. 修水宁红茶

名特优新农产品证书编号：
CAQS-MTYX-20210704

【主要产地】江西九江市修水县漫江乡、大椿乡、何市镇、上杭乡、西港镇、黄坳乡、全丰镇、白岭镇、黄龙乡、大桥镇、上衫乡、渣津镇、石坳乡、杭口镇、布甲乡、征村乡、宁州镇、复原乡、庙岭乡、黄港镇、黄沙镇、上奉镇、四都镇、港口镇等 24 个乡镇 42 个建制村。

【产地环境】修水县位于江西省西北部修河上游，居幕阜山脉和九岭山脉之间，为江西、湖北、湖南三省交界处。地处东经 113°56′23″ 至 114°56′49″，北纬 28°41′41″ 至 29°22′16″。县域南北宽 76 km，东西长 97 km，总面积 4 504 km^2，为江西省面积最广之县。属亚热带湿润季风气候区，光、热、水资源较为丰富，霜期比较短。境内群山起伏，海拔最高点 1 715 m，森林覆盖率达 72.8%，土壤 pH 值在 4.5 ～ 6.5，红、黄壤居多，土层深厚，养分丰富，独特的地形地貌和丰富的红壤资源是茶树生长最佳的条件，是江南著名的茶区之一。

【品质特征】修水宁红茶外形紧结，苗锋修长，匀齐，色泽乌润；冲泡后，汤色红亮，叶底浅红，甜香高长，滋味甜醇。水浸出物为38%，水分为4.88%，游离氨基酸总含量为5%，茶多酚含量为11.1%，锌含量为61.6 mg/kg，硒含量为0.07 mg/kg。宁红茶性温和，暖胃，可以帮助胃肠消化，促进食欲，可利尿、消除水肿，并且还能预防心脑血管疾病，尤其对降三高有明显的作用。

【收获时间】分有春茶、夏茶、秋茶。春茶每年3—4月采收，夏茶每年5—6月采收的是，秋茶每年9—10月采收。

【推荐贮藏和饮用方法】

贮藏方法：在0～15℃干燥环境条件下贮藏。将干燥的宁红茶用密封袋或瓷罐装好放在阴凉干燥处，避免返潮发霉，一般可保存1～2年。

饮用方法：用85～90℃开水冲泡服饮，水温过高会影响茶里的营养成分，一般可加水冲泡3～5次，秋茶可冲泡5～8次。

【市场销售采购信息】

（1）江西梁天柱茶业有限公司

联系人：梁天柱，联系电话：18779250999

（2）江西省宁红有限责任公司

联系人：王海兰，联系电话：18679256929

（3）修水县大椿茶厂

联系人：吴章金，联系电话：13803563587

（4）修水县东谷潭有机茶茶场

联系人：周九根，联系电话：13979207749

（5）江西省武安茶业有限公司

联系人：李安，联系电话：13507025068

（6）修水县眉新茶业有限公司

联系人：郑根水，联系电话：18307923859

（7）江西省好好品茶业有限公司

联系人：李汉华，联系电话：15270299053

（8）修水县大椿乡冰池茶厂

联系人：李冰池，联系电话：13870214542

4. 上犹高山茶

名特优新农产品证书编号：
CAQS-MTYX-20220356

【主要产地】江西省赣州市上犹县五指峰乡黄沙坑村和黄竹头村、平富乡信地村、营前镇蛛岭村、油石乡清溪村和大小元村、梅水乡园村等为核心产地。

【产地环境】上犹县地处江西省西南边陲，赣州市西部，山清水秀、生态环境优越，拥有一流的水质，一流的空气。海拔 1 000 m 以上的大山峰 14 座，境内水系发达、河湖众多，拥有河道 610 条，集雨面积在 10 km^2 以上的河流有 35 条，山地以第四纪红壤为主，兼有少量紫色土和山地黄壤。全县气候温和，雨量充沛，日照充足，四季分明，年均气温 18.8℃，森林覆盖率达 81.4%，是全国平均水平的近 4 倍，年平均负氧离子浓度为每立方厘米 2 332 个。地形、土壤、气候等自然条件都有利于茶树的生长发育以及茶多酚等物质的形成。

【品质特征】上犹高山茶外形紧结显锋苗，匀整，色泽鲜绿，油润有光泽，白毫显露，闻有浓味茶香。滋味鲜醇爽口，汤色清澈明亮，有清香，轻微的苦涩感，但回味浓醇、甘鲜，叶底鲜绿明亮。茶多酚含量为 22.2%、水浸出物含量为 50.2%、游离氨基酸含量为 4.6%、儿茶素含量为 18.2%、锌（以 Zn 计）含量为 48.2 mg/kg。高山茶可以有效降低体脂指数和血脂含量，振奋精神、增进思维、消除疲劳、提高工作效率，还有预防蛀牙的作用。

【收获时间】每年 3 月。

【推荐贮藏和饮用方法】

贮藏方法：将干燥的上犹高山茶装入密封袋或茶叶罐中，放入冰箱 10 度以下冷藏，可存放 18 个月。

饮用方法：冲泡时需将水温控制在 80 ～ 85℃，芽叶细嫩，若是冲泡温度过高，会破坏其中的天然成分，降低品饮价值。绿茶冲第 1 泡出汤时间为 15 s，第 2 泡出汤时间为 20 s，第 3 泡出汤时间为 30 s，每次冲泡都要适当延长冲泡时间。

【市场销售采购信息】

（1）上犹兰溪田园生态农业开发有限公司

联系人：陈跃华，联系电话：13979768330

（2）上犹县营前雾毫茶场

联系人：林佳生，联系电话：13576779507

（3）江西峻岭茶业综合开发有限公司

联系人：袁克俊，联系电话：13807076323

（4）上犹县光菇山茶业有限公司

联系人：刘福宾，联系电话：13870705526

（5）江西犹江绿月嘉木文化发展有限公司

联系人：田春兰，联系电话：13970714839

（6）江西省上犹县油石嶂农业综合开发有限公司

联系人：田言成，联系电话：13607976261

（7）上犹县五指春茶业有限公司

联系人：杨官富，联系电话：18170757598

（8）江西天骏生态茶园开发有限公司

联系人：余跃华，联系电话：18370880478

（9）上犹县五指峰忠誉有机茶有限公司

联系人：张继忠，联系电话：13507074823

5. 崇义高山茶

名特优新农产品证书编号：CAQS-MTYX-20220358

【主要产地】江西省赣崇义县横水镇上营村，上堡乡赤水村、竹溪村，乐洞乡乐洞村。

【产地环境】崇义县位于江西省西南边陲，地处东经 113°55′ ~ 114°38′，北纬 25°24′ ~ 25°55′。境内高山重叠，群峰起伏连绵，森林茂盛，平均海拔 500 m 以上，茶树多种植于海拔千米以上高山。崇义县属中亚热带季风湿润区，冬夏两季盛行季风，全年热量丰富，四季分明，雨量充沛，空气湿度大，无霜期长。全年平均温度在 15℃左右，降水量在 2 000 mm 左右，极端最高温度在 36℃，极端最低温度在 -5℃，无霜期 300 d，日照时数 1 583.9 h，土壤为沙砾土和黑石灰土为主，属富锌含硒土壤，是种植茶叶得天独厚的自然环境。

【品质特征】崇义高山茶形似凤羽，条直匀整，色泽翠绿间黄，闻有浓味茶香。冲泡后汤色黄绿清澈，滋味鲜爽回甘，其香气清鲜持久。叶底嫩黄明亮、芽叶细嫩成朵。水浸出物含量为 49.6%、游离氨基酸含量为 5.3%、茶多酚含量为 19.8%、儿茶素含量为 17.1%、锌含量为 47.6 mg/kg。饮用高山茶有瘦身、利尿的功效。

【收获时间】每年 4—5 月。

【推荐贮藏和饮用方法】

贮藏方法：存放于干燥、防潮、避光、密封的茶叶罐或茶叶袋中。短时间保存，置于阴凉处；若要长时间保存，置于 5℃以下冰箱中。

饮用方法：取适量茶叶先用开水冲茶，然后注入 80 ~ 85℃矿泉水，1 ~ 2 min 即可饮用，宜选用玻璃杯或优质陶瓷冲泡。

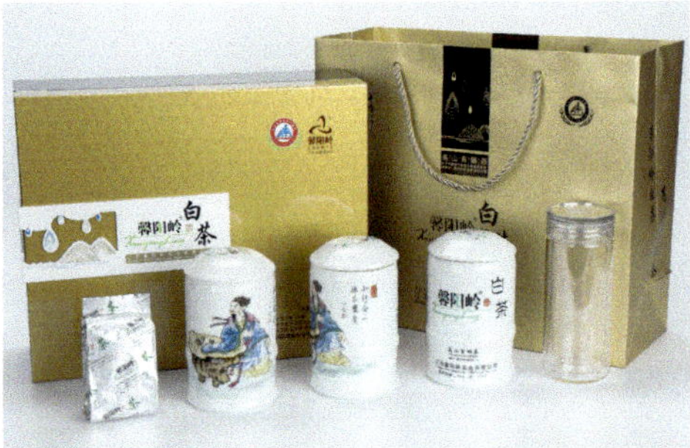

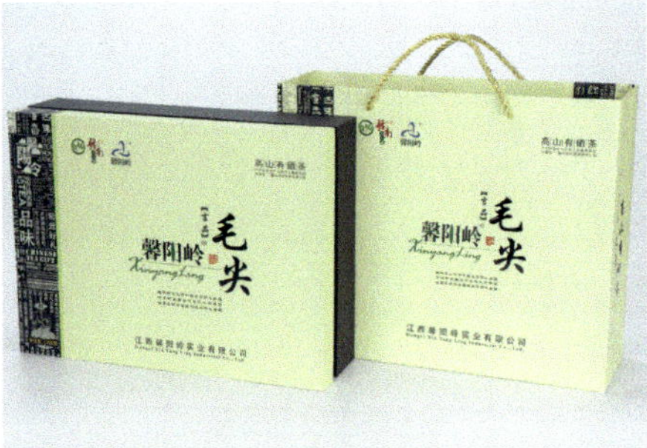

【市场销售采购信息】

（1）江西馨阳岭实业有限公司

联系人：郭显桃，电话：13970138883

（2）崇义县乐洞龙归茶场

联系人：何赐华，电话：13807072378

（3）崇义县乐风乡旅茶业专业合作社

联系人：黄海，电话：13879721109

（4）崇义赤水仙茶业有限责任公司

联系人：罗小林，电话：13879795789

（5）江西上堡茶叶有限公司

联系人：钟健，电话：15970868889

6. 安远九龙茶

名特优新农产品证书编号：
CAQS-MTYX-20220359

【主要产地】江西省赣州市安远县新龙乡才坑村、欣山镇磺角村、镇岗乡高峰村。

【产地环境】安远县地处赣、闽、粤三省交汇处，位于赣州市南端，土地面积 2 350 km^2，森林覆盖率 82.72%，年平均气温 18.7 ℃，年降水量 1 600 ～ 1 800 mm，无霜期 282 d，气候温和，光照充足，雨量充沛。安远九龙茶产于安远县境内海拔 1 000 多米的九龙山上，地势高峻，峦峰重叠，山清水秀，树木茂密，气候温和，雨量充沛，终年云雾缭绕，土壤肥沃，极宜于茶树芽叶的生长。

【品质特征】安远九龙茶具有紧细圆直，茸毛披露，匀整洁净，嫩绿鲜润，芳香馥郁，冲泡后汤色碧绿，滋味甘醇，叶底翠绿、匀亮的感官特征。茶多酚含量为 21.9%，儿茶素含量为 12.87%，水浸出物含量为 48%，游离氨基酸含量为 6.3%，锌含量为 41.0 mg/kg，维生素 C 含量为 148 mg/100 g。九龙茶具有止渴、消食、祛痰、利尿、明目、益思、除烦、解腻等功效，被尊为茶中妙品。

【收获时间】2—4 月、10—11 月，其中 2—4 月最佳。

【推荐贮藏和饮用方法】

贮藏方法：密封，避光，冷冻贮藏。

饮用方法：①上投法，一次性向茶杯中注入热水至茶杯的七分满，等水温适宜时再放入茶叶，85℃左右为最适宜水温。②中投法，杯中先放入茶叶，然后往杯中注入 1/3 杯的热水，再将杯子稍微摇动几下，让茶叶吸足水分舒展开来，然后再注入开水至茶杯的七分满。③下投法，先将茶叶放入壶中，然后一次性向茶杯中注入热水。

【市场销售采购信息】

（1）安远县九龙茗茶农民专业合作社

联系人：陈圣，联系电话：18046860866

（2）江西省阳光生态农业综合开发有限公司

联系人：杜晓峰，联系电话：18179771888

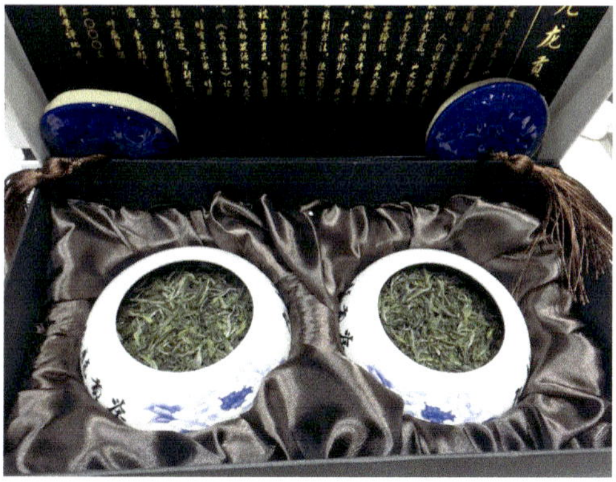

7. 龙南云雾茶

名特优新农产品证书编号：
CAQS-MTYX-20220360

【主要产地】江西省赣州市龙南市临塘乡东坑村、东江乡黄沙村、桃江乡清源村、九连山镇墩头村。

【产地环境】龙南云雾茶茶园平均海拔 600 多米，属原生态山区，气候温和，雨量充沛，土壤富含有机质且偏酸性。周围郁郁葱葱的 3 万多亩毛竹林，是龙南云雾茶生态环境的“护卫者”，对于维持茶叶生长小气候具有重要作用，也是茶树虫害的隔离带。加之主产地龙南是江西“南大门”，距广州 260 km、深圳 320 km，是江西对接融入粤港澳大湾区桥头堡的桥头堡。

【品质特征】龙南云雾茶外形挺直带毫，色泽碧绿，形丝凤羽；冲泡后汤色嫩绿明亮，滋味鲜爽，惠兰香浓郁，叶底叶白脉翠，细嫩匀齐。水浸出物含量为 48.2%，游离氨基酸含量为 5.6%，茶多酚含量为 19.1%，锌含量为 50.8%，儿茶素含量为 15.7%。云雾茶怡神解泻，可以助消化，杀菌解毒，具有防止肠胃感染，增加抗坏血病等功能。

【收获时间】每年 3—4 月。

【推荐贮藏和饮用方法】

贮藏方法：放在干燥、密封效果好的容器内置于阴凉处保存，或放在专用冰箱 -15 ～ -10℃冷冻贮存。

饮用方法：不适合滚烫的沸水冲泡，水温以 80 ～ 85℃为宜，茶水比例以 1∶50 为佳，冲泡时间为 2 ～ 3 min，泡出来的茶，汤色清翠碧绿而透明清澈，最好现泡现饮。

【市场销售采购信息】

（1）江西虔茶茶业有限公司

联系人：廖承龙，联系电话：15170751222

（2）龙南源头活水生态科技有限责任公司

联系人：刘秋华，联系电话：13870763601

（3）江西省龙南市虔龙红茶开发有限公司

联系人：李文清，联系电话：18079773988

（4）龙南县梅苑家庭农场

联系人：欧阳克田，联系电话：15970809688

六、粮油篇

1. 东乡葛粉

名特优新农产品证书编号：
CAQS-MTYX-20210055

【主要产地】江西省抚州市东乡区杨桥殿镇、王桥镇、圩上桥镇等。

【产地环境】东乡区属亚热带湿润季风气候，主要特点是气候温和，日照充足，雨量充沛，无霜期长，四季分明，春秋短，冬夏长，春季多阴雨低温，初夏高温多雨，盛夏高温炎热，伏秋久晴易旱，冬季寒冷干燥，冰冻天气时有发生。多年平均气温为 17.7℃，无霜期年平均 267 d，年平均日照时数 1 719.5 h，年总辐射 117.8 kcal/cm^2，年平均降水量 1 777 mm。独特的气候条件，形成了“东乡葛”种植的独特自然生态环境。

【品质特征】东乡葛粉色泽均匀，呈白色，粉状或不规则块状，无葛根纤维及肉眼可见的外来杂质，具有葛粉特有的气味，无异味，味道甘甜，微甜无渣。淀粉含量为 73.9%，钾含量为 60.3 mg/100 g，镁含量为 5.78 mg/100 g。具有清热解毒、生津止渴、补肾健脾、益胃安神、清心明目、润肠通便及醒酒等功能。

【收获时间】每年农历 12 月至翌年 2 月。

【推荐贮藏和食用方法】

贮藏方法：密封置于干凉处。

食用方法：取 20 g 葛粉，用等量温水调匀，再冲入 200 mL 左右沸水，同时用小勺不断搅拌成糊状即可，也可用于煮粥、煎饼、汤品等。

【市场销售采购信息】

公司名称：江西农信乐农业发展有限公司

联系人：周一帆，联系电话：18268733302

地址：江西省抚州市东乡区杨桥殿镇金坑村塘下组

【市场销售采购信息】

（1）彭泽县金篓籽农业开发有限公司

联系人：张钧玉，联系电话：13207922066

（2）彭泽县金篓籽种植家庭农场

联系人：张爱芳，联系电话：15870839111

5. 新干秬禾贡米

名特优新农产品证书编号：CAQS-MTYX-20220366

【主要产地】江西省吉安市新干县溧江镇沧洲村、桃溪乡板埠村、七琴镇钱塘村、城上乡岗上村、潭丘乡庙前村、麦斜镇小坑村、神政桥乡樟树下村、金川镇桁桥村、沂江乡浒江村。

【产地环境】新干县地处赣江中游，东经 115°15′～115°44′，北纬 27°30′～27°58′，中亚热带湿润季风气候区，气候温和，雨量充沛，四季分明；年平均气温 17.5℃，无霜期 275 d，降水量 1 604.5 mm，日照时数为 1 684.8 h；年平均气温≥ 10℃的有 232 d，积温 5 492.2℃；全年日最高气温≥ 35℃的日数平均为 37 d。日最低气温≤ 0℃的日数平均为 27 d。年平均 17.7℃。产地的土壤熟化程度高，土层深厚，耕作层结构多为屑粒状至团粒状，肥力水平较高，耕性较好，保水保肥能力较强。

【品质特征】新干秬禾贡米的米粒细长、呈半透明状，籽粒饱满、大小均匀，外观晶莹剔透、色彩光亮、具有光泽，煮饭后米饭清香松软，软而不黏，香味浓郁，冷饭不回生，口感佳。蛋白质含量为 7.3%，直链淀粉含量为 14.1%，锌含量为 18.0 mg/kg，铁含量为 7.4 mg/kg，鲜味氨基酸含量为 1 950 mg/100 g，必需氨基酸含量为 2 308 mg/100 g。

【收获时间】每年 10 月上旬至中旬。

【推荐贮藏和食用方法】

贮藏方法：稻谷进行烘干、碾米、精选、真空包装、标示后在 10℃以下保鲜库储存、销售。

食用方法：

（1）蒸米饭将淘洗干净的米放入锅中，米和水比例为 1∶1.5，浸水 10 min，在烹煮过程中不要打开锅盖搅拌以保持米的香味，停火再焖 10 min，口味更佳。

（2）熬稀饭根据用餐人数确定下米量，加水至大米上（根据稀稠度确定）10～20 mm，小火熬

20 min 左右即可食用。

【市场销售采购信息】

（1）新干秵禾农业产业发展有限公司

联系人：邓菊生、杨秋生，联系电话：13907064083、13979653388

6. 崇义梯田大米

名特优新农产品证书编号：
CAQS-MTYX-20220357

【主要产地】江西省崇义县上堡乡水南村、竹溪村。

【产地环境】崇义梯田大米种植于江西省崇义县上堡乡水南村的国家4A级旅游景区——上堡梯田景区内，海拔510～1 260 m。空气负氧离子含量高，生态环境好，青山环抱，空气质量优良。

属温暖湿润的亚热带季风气候，冬夏季风盛行，气候垂直差异明显，四季分明，无霜期长，日均温度范围为15～27℃，年均温度21℃，完全满足稻谷最低温度不能低于12℃的要求。年降水量1 615.2 mm，区内多溪流、山泉水，具有丰富的灌溉水资源，自然条件优越，适合水稻生长。

【品质特征】崇义梯田大米呈细长形，饱满均匀，表面光洁如玉、晶莹透亮、米泛丝光，质地软硬适中，煮饭后饭粒条状而不烂，爽滑可口、清香味甘，口感极佳。蛋白质含量为8.28%、鲜味氨基酸含量为2 170 mg/100 g、必需氨基酸含量为3 360 mg/100 g、锌含量为16.1 mg/100 g、硒含量为8.2 μg/100 g。

【收获时间】每年10—11月。

【推荐贮藏和食用方法】

贮藏方法：置于阴凉干燥处密封保存或置于冰箱密封冷藏。

食用方法：煮成米饭口感软糯美味，熬成米粥香甜养生。

（2）熬稀饭。根据用餐人数确定下米量，加水至大米上(根据稀稠度确定)1 ～ 2 cm，小火熬 20 min 左右即可食用。

（3）米饭与个人喜欢的食材（如鸡蛋、腊肠、青菜等）任意搭配，做成蛋炒饭、煲仔饭、擂饭等。

【市场销售采购信息】

（1）天猫：吉内得粮油旗舰店；京东：吉内得官方旗舰店；抖音：吉内得粮油旗舰店。联系人：温经理，联系电话：13879976988。

（2）实体体验店地址：江西省萍乡市经开区安源中大道 13 号春蕾大厦 101 ～ 103，联系电话：0799-71115708。

（3）吉内得稻田公园特色农产品展示展销中心：江西省萍乡市莲花县高洲乡高滩村，联系人：胡经理，联系电话：13907990930。

七、中药材篇

1. 寻乌灵芝

名特优新农产品证书编号：
CAQS-MTYX-20210716

【主要产地】江西省赣州市寻乌县文峰乡、三标乡、吉潭镇、澄江镇等。

【产地环境】寻乌县属亚热带季风气候，温暖湿润，雨量充沛，年均温度18.9℃，年降水量1 665 mm。全县东江源水系流域面积占整个东江源流域面积的37.8%，占江西境内东江流域面积的56.5%，每年从寻乌流入东江的水资源总量为18.3亿m^3，是江西省内流域面积最大、流入量最多的东江源区县，是珠江三角洲和香港同胞的重要饮用水源地。全县森林覆盖率达81.5%，其中源头东江源山的森林覆盖率达到了95%。

【品质特征】寻乌灵芝产品外形呈伞状，菌盖肾形或近圆形，菌盖厚度1.2～1.8 cm，菌盖直径7～16 cm。质地硬，表面紫褐色，有光泽，具环状棱纹。菌肉淡棕色。蛋白质含量为13.7%，水分含量为7.81%，灰分含量为3.09%，粗多糖含量为1.15%，三萜及甾醇（以干燥品计）含量为0.79%。

【收获时间】每年7—9月。

【推荐贮藏和食用方法】

贮藏方法：密封干燥保存。

食用方法：开水冲泡，煲汤、泡酒。

【市场销售采购信息】

寻乌县思源农业发展有限公司

联系人：刘兰昕，联系电话：13970703830

野生灵芝
思源农业
野养灵芝
思源农业
大棚灵芝
思源农业

八、食用菌类

1. 靖安香菇

名特优新农产品证书编号：
CAQS-MTYX-20200632

【主要产地】江西省宜春市靖安县宝峰镇宝田村。

【产地环境】靖安是江西首个国家级生态县，森林覆盖率 84.1%，拥有九岭山自然保护区、三爪仑国家森林公园、国家 4A 级旅游景，三爪仑景区内负氧离子含量高达 10 万个 /cm^3，是全国首批“绿水青山就是金山银山”实践创新基地。全县山清水秀、风光旖旎、气候宜人、四季分明，雨水充沛，光照充足，霜期较短，生长期长，为香菇创造了良好的生长环境。

【品质特征】靖安香菇菇体朵型圆整，呈扁球形，菇盖表面光滑有裂痕、呈茶褐色，菌褶淡黄色、立度好、条纹清晰；香菇菌盖厚度约 0.7 cm，菌盖直径 4 ～ 5 cm，开伞度 70%，具有香菇特有的沁人香气，菌肉紧实，口感弹韧，品质佳；香菇主要营养品质指标蛋白质含量为 20.1%、粗多糖含量为 12.72 g/100 g、谷氨酸含量为 3 220 mg/100 g、赖氨酸含量为 920 mg/100 g、钾含量为 1 980 mg/100 g。

【收获时间】当年 9 月底至翌年 4 月初。

【推荐贮藏和食用方法】

贮藏方法：鲜香菇和干香菇需放入冷库冷藏。

食用方法：食用有烹、煮、炒等方法。

【市场销售采购信息】

江西三爪仑绿色食品开发有限责任公司

联系人：茅义林，联系电话：13970587362

地址：江西省宜春市靖安县宝峰镇太阳山林场

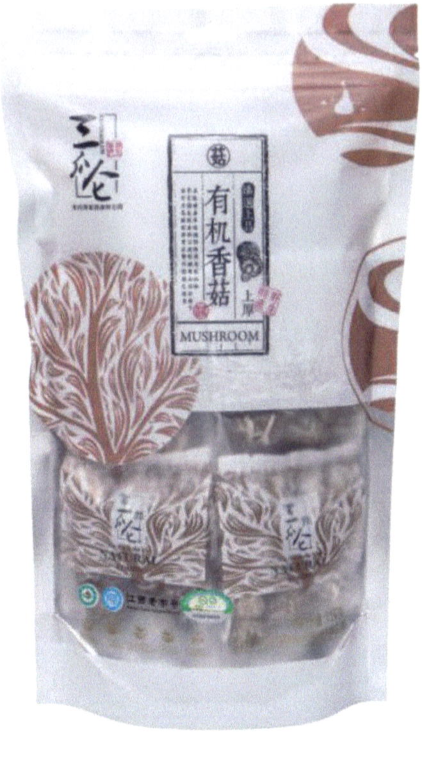
菇
有机香菇
上厚
MUSHROOM

2. 靖安黑木耳

名特优新农产品证书编号：
CAQS-MTYX-20200633

【主要产地】江西省宜春市靖安县宝峰镇宝田村。

【产地环境】靖安县是江西首个国家级生态县、国家重点生态功能区、全国首批“绿水青山就是金山银山”实践创新基地。“靖安黑木耳”产地处于江西三爪仑国家级示范森林公园，四季分明，气候温和，雨水充沛，光照充足，霜期较短，生长期长，为菌种创造了良好的生长环境。

【品质特征】靖安黑木耳耳片完整均匀，耳瓣自然卷曲，耳片正面下凹，黑色光滑，背面凸起，略呈暗灰色，有茸毛，正背面分明。具有黑木耳应有的气味，无异味。干燥时强烈收缩成角质，硬而脆；浸泡后半透明，角质，有弹性。主要营养品质指标蛋白质含量为 10.8%、粗多糖含量为 6.54 g/100 g、铁含量为 27.8 mg/100 g、钙含量为 548 mg/100 g。

【收获时间】9 月底至翌年 4 月。

【推荐贮藏和食用方法】

贮藏方法：鲜黑木耳和干黑木耳需放入冷库冷藏。

食用方法：食用有烹、煮、炒等方法。

【市场销售采购信息】

江西三爪仑绿色食品开发有限责任公司

联系人：茅义林，联系电话：13970587362

地址：江西省宜春市靖安县宝峰镇太阳山林场

有机黑木耳
BLACK FUNGUS
NATURAL

3. 广昌茶树菇

名特优新农产品证书编号：CAQS-MTYX-20220370

【主要产地】江西省抚州市广昌县旴江镇下湖村、揭家村。

【产地环境】广昌县位于江西省东南部，武夷山西麓，建县于南宋绍兴八年（公元 1138 年），因“道通闽广，郡属建昌”而得名、是江西第二大河流抚河的发源地，属亚及热带季风气候，气候温和湿润，雨量充足，四季分明，平均日照 1 932 h，年降水量 1 172 mm，平均无霜期 273 d，森林覆盖率达 66%，日均气温 19.1℃，昼夜温差大，适合茶树菇的生长环境。广昌县东与福建建宁、宁化接壤，西连宁都，南界石城，北毗南丰，交通便利，是中国白莲之乡，被授予“中国物流第一县”称号。

【品质特征】广昌茶树菇菇体朵形完整、圆整、美观，菇盖直径 15 ～ 30 mm，表面有浅皱纹，初暗红褐色；菇柄中实，淡黄色，长度 40 ～ 120 mm；整丛菇体长度、体形较一致，菇盖、菇柄色泽均匀；具有浓郁的茶树菇特有香味，味道鲜美、口感极佳，感官品质上乘。蛋白质含量为 36.7%，粗多糖含量为 4.99 g/100 g，蛋氨酸含量为 380 mg/100 g，赖氨酸含量为 1 760 mg/100 g，苏氨酸含量为 1 620 mg/100 g。

【收获时间】每年 4 月至 9 月。

【推荐贮藏和食用方法】

贮藏方法：鲜菇需放入冰箱冷藏储存，刚采摘到放入冰箱内只能存放 5 d 左右，干菇需放置阴凉干燥处。

食用方法：

（1）茶树菇骨头汤

原材料：猪排骨 500 g，茶树菇（干）50 g，姜片一块猪排骨 500 g，猪排骨焯水后，清洗干净白沫子；生姜切成片；茶树菇去根清理干净；所有原材料放入火锅，添加 10 碗冷水；火灾烧开后转中文火煲 2 h，加盐调料就可以。

（2）干锅茶树菇

茶树菇洗净切段，入开水锅里焯

水后捞出沥干水分备用，五花肉切薄片，姜蒜切丝，洋葱和小米椒也切丝备用，锅中放少许底油，下五花肉煸至出油，下姜蒜丝炒香，放入剁碎的郫县豆瓣，辣椒酱炒出香味，倒入洋葱丝和小米椒翻炒，把焯好水的茶树菇放进锅里，继续煸炒 4.5 min 左右，加盐、糖、酱油，鸡精调味后即可。

（3）茶树菇炒腊肉

茶树菇洗净切段，用凉水泡软，泡茶树菇的水不要倒，备用，肥瘦相间的腊肉切片备用，锅中加水焯腊肉，葱、姜切末，锅中放入少量油小火爆炒葱、姜，下入腊肉煸炒，炒出油，放入干辣椒略微翻炒，倒入茶树菇，翻炒均匀后，加入少量泡茶树菇的水，料酒略烧，汁收干即可。

【市场销售采购信息】

企业名称：江西省利财食用菌有限公司

联系人：谢芳，联系电话：15870750366

地址：江西省抚州市广昌县盱江镇下湖村揭家村小组

九、初加工农产品

1. 信丰萝卜干

名特优新农产品证书编号：
CAQS-MTYX-20220355

【主要产地】江西省赣州市信丰县嘉定镇、大塘埠镇、西牛镇等16个乡镇。

【产地环境】信丰县处于东亚季风区，气候宜人，有春秋短、夏冬长，冰雪期短、无霜期长，夏少酷暑、冬少严寒的特点，年平均气温19.6℃，年平均日照时数为1 660 h左右，气候温和，热量充沛，温度、光照、降水等条件都十分适宜萝卜的生长。

地势由南向北倾斜，全境呈盆地型，四周山岭环抱、重峦逶迤，域内矮岭起伏、丘陵连绵，岭陵之间是宽谷垄坑、阡陌农田、果园林木，土壤类型为冲积土，土壤质地为沙壤土，土壤有机质含量≥1.5%，pH值6.0～7.0，土层深厚、有机质含量丰富、保水保肥性好，物理性状良好，适合萝卜的种植。

【品质特征】信丰萝卜干选用优质信丰萝卜经过“晒、腌、藏”三道工序加工而成。条形均匀，肉质厚实；色泽均匀，呈棕黄色，有光泽；肉脆细嫩，脆爽可口，咸度适宜；耐储存，便携带；有甘、香、嫩、脆等风味。水分含量为57.2%，总酸含量为0.34 g/100 g，粗纤维含量为1.9%。食用可生可熟，可酱可醋，具有顺气、消食、化痰、平喘等功效，其甘香嫩脆的独特风味是人们佐餐理想的佳味食品。

【收获时间】全年，冬至前后为传统品种“埋头籽”“悬头籽”白萝卜最佳采收时期。

【推荐贮藏和食用方法】

贮藏方法：放入陶罐或木桶压实，用黄泥巴密封。

食用方法：可凉拌、炒肉或炖汤。

【市场销售采购信息】

（1）江西信明科技发展有限公司

联系人：许世芳，联系电话：15970015978

淘宝网网址：https://shop125220680.taobao.com/

（2）信丰信明农业发展有限公司

联系人：刘金龙，联系电话：18870783371

拼多多店铺：信明坊食品专营店

阿里网址：https://yinxingtea.1688.com/

（3）信丰县绿特农业专业合作社

联系人：谢振盛，联系电话：13979751888

2. 瑞金咸鸭蛋

名特优新农产品证书编号：
CAQS-MTYX-20220364

【主要产地】江西省赣州市瑞金市叶坪乡福水村。

【产地环境】瑞金市属亚热带暖湿季风性气候，森林覆盖率为75.6%，具有气候温和，光照充足，雨量充沛，全年无霜期长，四季分明，平均无霜期286 d，年平均气温18.9℃，夏长无酷暑，冬长干冷少冻害的气候特点，对当地麻鸭的生长极为有利。瑞金地理位置优越，323、319、206三条国道，厦蓉、济广二条高速，赣龙铁路和即将兴建的鹰瑞梅铁路交会于市区，贯穿瑞金，通勤机场正在兴建，交通极为方便。瑞金毗邻福建，紧靠粤港澳等沿海发达地区，区位优势明显。

【品质特征】瑞金咸鸭蛋呈椭圆形，单个重约80 g。外壳坚厚、干净，光滑圆润，没有裂缝，个头均匀，蛋皮呈灰青色或灰白色。咸鸭蛋煮熟后黄白分明，蛋白洁白凝练，鲜嫩细软，咸淡适中，蛋黄油露松沙，中间无硬心。具有咸鸭蛋固有的香味和滋味。蛋白质含量为12.6%，脂肪含量为11.3%，硒含量为36 μg/100 g，维生素A含量为720 μg/100 g。

【收获时间】全年。

【推荐贮藏和食用方法】

贮藏方法：置于常温阴凉干燥处保存，也可放于冰箱保鲜层保存。保质期6个月。

食用方法：常温保存时可开袋即食，保鲜层保存的咸鸭蛋需加热食用。用作制作菜肴时，开袋剥壳加工即可。

【市场销售采购信息】

江西省瑞金市壬田镇廖奶奶咸鸭蛋专业合作社

联系人：张杨，联系电话：13767748296

4. 潢溪土红糖

名特优新农产品证书编号：
CAQS-MTYX-20220352

【主要产地】江西省鹰潭市余江区潢溪镇。

【产地环境】余江区地处武夷山、怀玉山脉向鄱阳湖平原过渡地带，地势东北部较高，南部略偏高，沿信江、白塔河两岸为冲积平原地带。属亚热带湿润季风气候，其特点是四季分明，气候温和，雨水充沛，日照充足。年平均气温为 17.6℃。年平均降水量 1 788.8 mm，平均年日照时数 1 739.4 h，无霜期 258 d。四季分明，春季回暖快，刮风日少，风速小，气候湿润、夏季炎热，雨热同步，紧邻白塔河，浇灌非常方便，可使甘蔗更好的生长；且土地肥沃，所种植的甘蔗香甜可口，所产红糖蔗香浓郁，清甜酥脆。红糖产量高，质量好。

【品质特征】潢溪土红糖是甘蔗经过榨汁，经过 2 h 加热熬制等技术加工后带蜜的固糖，由于没有高度提炼，红糖中含有人体需要的铁、锌等微量元素，红糖性甘甜、温润，可解酒、清润心肺、补血、化瘀，主治肺热、咽喉疼痛和腹部不适，但糖尿病患者不宜食用。潢溪土红糖总糖分含量为 88.7 g/100 g，钙含量为 772 mg/kg，钾含量为 1 300 mg/100 g，镁含量为 338 mg/kg。

【收获时间】每年 11 月中下旬。

【推荐贮藏和食用方法】

贮藏方法：在通风干燥的库房内常温贮藏，同时采取防潮、防鼠措施。

食用方法：直接食用，或用 60～70℃温开水冲服。

【市场销售采购信息】

余江区兄弟糖业有限公司

联系人：邹胜标，联系电话：13707010603

网 址：https://haohuo.jinritemai.com/ecommerce/trade/detail/index.html?id=3501417531183382117&origin_type=604

潢溪人
红糖
潢溪人
红糖

潢溪人
红糖